Edition Paashaas Verlag

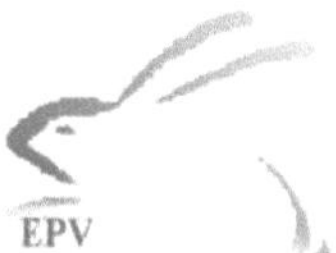

Autor: Michael Völkel
Originalausgabe August 2017
Covermotiv: privat
Covergestaltung: Michael Frädrich
Korrektur: Manuela Klumpjan
Inhaltliche Überprüfung: Mike Gromberg

www.verlag-epv.de

ISBN: 978-3-96174-009-3

Dieses Buch dient als Ratgeber und Hilfestellung.
Die Haftung jeglicher Art wird abgelehnt.

Die Deutsche Nationalbibliothek verzeichnet diese Publikation in der Deutschen Nationalbibliografie; detaillierte bibliografische Daten sind im Internet über http://dnb.d-nb.de abrufbar.

Tricks auf der Gitarre
Pimp deinen Stil auf

Rock, Jazz, Blues, Folk, Klassik, Mittelalter, Fingerstyle

von
Michael Völkel

mit Gastbeiträgen von Spielmann Michel

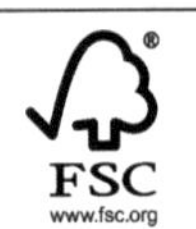
FSC
www.fsc.org
MIX
Papier aus verantwortungsvollen Quellen
Paper from responsible sources
FSC® C105338

Anmerkungen zum Buch:

H und B:
Das übliche Problem mit der Widersprüchlichkeit von internationaler und deutschsprachiger Tonbezeichnung. Um unmissverständlich zu bleiben, wird im Buch das H auch genauso genannt, das deutsche B wird, wie international üblich, Bb benannt. So wird der Buchstabe B komplett umgangen, und niemand muss rätseln, welches B denn nun gemeint sei.

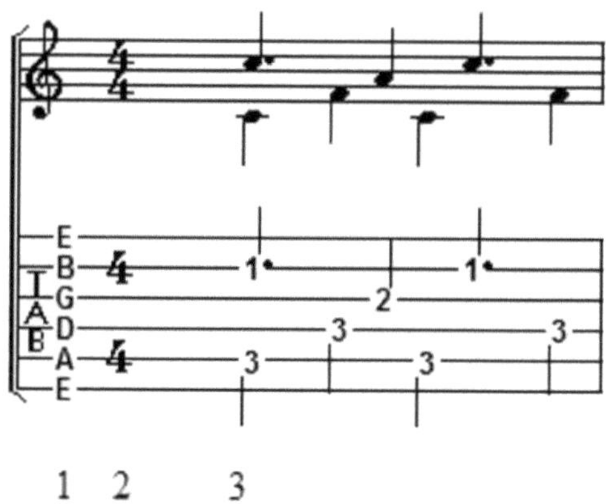

Tabulatur und Noten:
(1) Die Linien im Tabulatursystem stellen die Saiten der Gitarre dar. Wenn nicht näher bezeichnet, handelt es sich um die normale Standardstimmung.
(2) Die Taktangabe.
(3) Im oberen System sieht man die Töne in Notenschreibweise, im Tabulatursystem die Stelle auf der Saite, an der sich der Ton befindet (3 = 3. Bund). Zeigen die Notenhälse nach oben, werden die Saiten von den Fingern gezupft, zeigen die Notenhälse nach unten, vom Daumen.

Klein- und Großschreibung von Tönen, Akkorden und Tonleitern: Es gibt da keine Norm und je nach Zusammenhang wird mal die eine und mal die andere Schreibweise verwendet. Beispiel: die *richtige* Bezeichnung der Gitarrensaiten lautet EAdghe´. So wird die genaue Höhe der Töne deutlicher. Dennoch hat sich eine Schreibweise in Großbuchstaben durchgesetzt (EADGHE oder DADGAD). Geht es wiederum um Tonabstände, ist die Klein- und Großschreibung wichtig, denn zwischen *C* und *E* liegen 3, zwischen *C* und *e* 10 Töne. Das hört sich komplizierter an, als es ist. In den einzelnen Kapiteln wird deutlich, was gemeint ist, auch wenn es nicht immer einheitlich sein kann.

Am Ende des Buches im Glossar findest du nähere Erklärungen zu den Begriffen, die im Buch verwendet werden.

Inhalt:

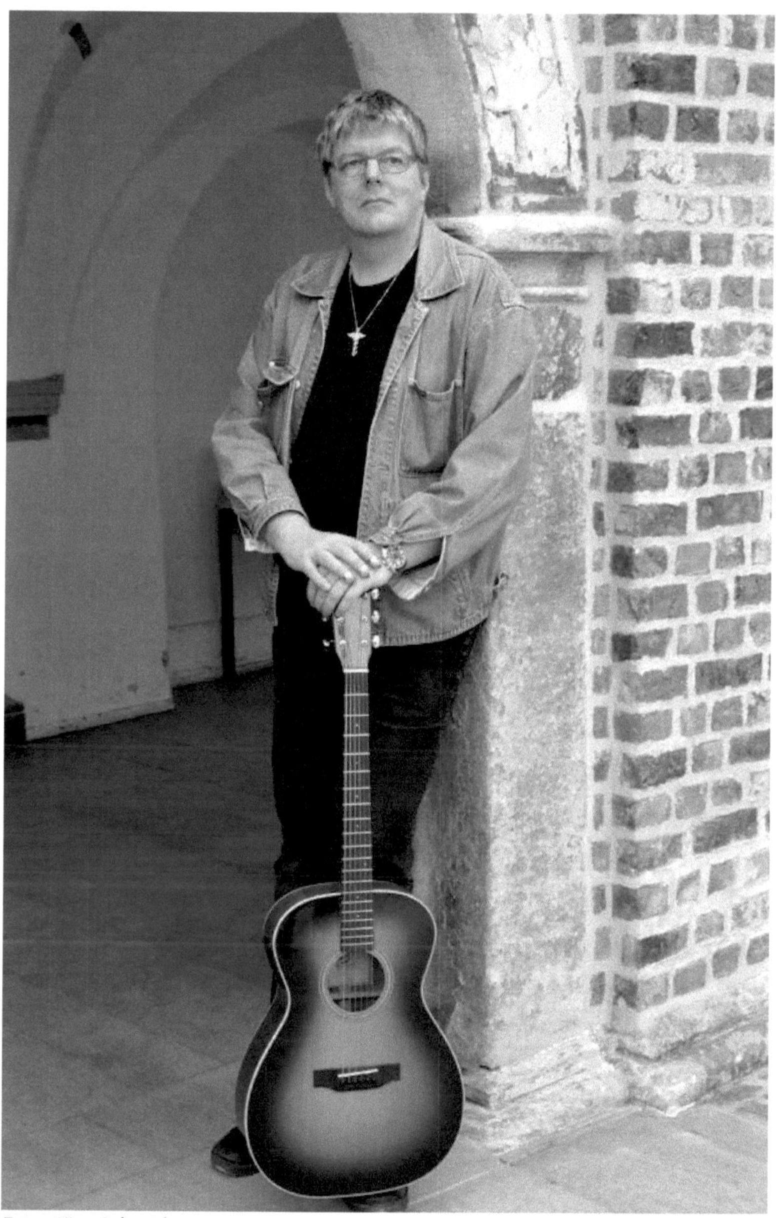

Foto: Jörg Schmidt

Vorwort von Matt Smith (original)

I've known Michael Volkel for well over 20 years, He first appeared in my life as a student in a master class I was teaching at the Freiburg Jazz and Rock School. I was immediately struck by this tall man with immense musical talent and genuine warmth as a person. Since then we've kept our friendship alive, and have shared the stage together many times.

Michael Volkel is the real deal. He's done his homework very well. All the material in this book is clearly presented with gentle humor and insightful knowledge of what guitarists need to know, and plenty of great tricks and tips to keep the book exciting.

As an expert is medieval and traditional American and European folk styles, Michael has brought his vast knowledge of music to this wonderful book you hold in your hands. His words are wise and any guitarist will find a world of useful information contained within its pages.

Matt Smith, Austin/Texas, March 2017

Vorwort von Matt Smith (übersetzt)

Ich kenne Michael Völkel seit mehr als 20 Jahren. Er erschien das erste Mal in meinem Leben in einem Gitarrenworkshop der Jazz-und-Rock-Schule in Freiburg, in der ich eine Master-Klasse unterrichtete.
Der große Mann mit seinem immensen musikalischen Talent und seiner menschlichen Wärme fiel mir sofort auf. Seit dieser Zeit sind wir in Freundschaft verbunden und standen des Öfteren gemeinsam auf der Bühne.
Michael Völkel ist ein echter Knüller und hat seine Hausaufgaben ordentlich erledigt. All das Material im Buch wird präsentiert mit sanftem Humor und Insiderwissen über das, was Gitarristen wissen sollten. Jede Menge toller Tricks und Tipps lassen Langeweile gar nicht erst aufkommen.

Als Experte für mittelalterliche und traditionelle amerikanische und europäische Folk-Musik brachte Michael sein umfangreiches Wissen über Musik in das wunderbare Buch ein, das ihr gerade in euren Händen haltet.

In verständlichen Worten formuliert, wird jeder Gitarrenspieler auf diesen Seiten ein Universum nützlicher Informationen finden.
Matt Smith, Austin/Texas, März 2017

Matt Smith lebt in Austin Texas und unterhält dort die Gitarrenschule „Six-String-Ranch". Er ist Studiomusiker, Produzent, präsentiert Instrumente auf Musikmessen und tritt immer wieder live auf. Er spielte in der Carnegie Hall oder der Central Park Summerstage und teilte sich die Bühne oder machte Aufnahmen mit Musikern wie B.B. King, Sheryl Crow, Trey Anastasio, Al DiMeola, Greg Allman, Los Lobos, Johnny Winter, Buddy Guy, Adrian Legg, Ed Gerhard, Portishead und vielen anderen.

Über den Autor:

Michael Völkel, Jahrgang 1961, ist seit 1978 Musiker. Sein Hauptinstrument ist die Gitarre, doch kommen bei seinen Auftritten auch Querflöte, Blockflöte, Waldzither, Ukulele oder Dudelsack zum Einsatz. Michael Völkel sammelte Erfahrungen in den unterschiedlichsten Musikrichtungen und gestaltet so sein Programm.
Er hat den Ruf eines Gitarristen und Entertainers von außergewöhnlicher Vielseitigkeit und Fingerfertigkeit.
Der preisgekrönte Wanne-Eickeler Musiker komponiert und tritt als Solist oder mit Band auf. Sein Repertoire umfasst internationalen Folk, Rock, Blues, Klassik, akustische Gitarrenmusik, Minnegesang, aber auch allgemein Bekanntes.
Als „Spielmann Michel" tritt er bei Rittermärkten auf, in seinem Programm „Schäbbige Lieder aus 7 Jahrhunderten" präsentiert er neben Liedern bekannter Songwriter auch seltsame und böse Texte aus eigener Feder.
Nebenberuflich arbeitet Michael Völkel als Gitarrenlehrer für die Städtische Musikschule Herne, gibt privaten Musikunterricht und Ukulelenkurse an der VHS Essen.

www.michaelvoelkel.de

Bisherige Veröffentlichungen:

- Wide Land Vinyl-LP
- Little Steps CD
- Offbeats CD
- Spielmann Michel:
Des Zeitreisenden Liederbuch CD
- Spielmann Michels Lautenkunde
Kolumne in Geschichtszeitschrift Karfunkel
- Spielmann Michel – Rattenplage Buch mit CD

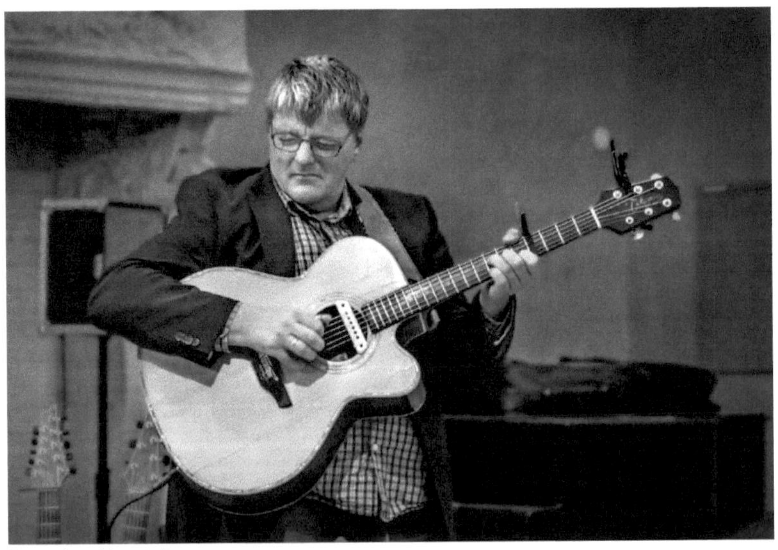

Foto: Lux Homini

Vorwort vom Autor

Was macht einen guten Musiker aus und was ist zu tun, um einer zu werden?

Als langjähriger Musiklehrer und noch langjährigerer aufführender Musikus werde ich mich sicher nicht dazu hinreißenden lassen, den Wert regelmäßigen Trainings und intensiver Beschäftigung mit der Materie geringschätzig zu diskreditieren. Ebenso bin ich überzeugt davon, dass vermeintlich musikalisches Talent nur dann einen Wert bekommt, wenn daran gearbeitet wird.
Talentarme, aber übungswillige Schüler können einen vermeintlich begnadeten Musiker locker ausstechen. Nachhaltiges Training hat sich tatsächlich als wirksam erwiesen ☺.
Spieltechnik und Harmonielehre sind unabdingbare Werkzeuge für jeden Musiker, der mehr möchte, als höflichen und freundschaftlich solidarischen Applaus, pflichtschuldig hervorgebracht – von Kumpels, die den Kollegen auf der Bühne nicht wie einen Idioten dastehen lassen wollen.

Dennoch ...

Gerade die Gitarre bietet mit ihren schier unerschöpflichen Möglichkeiten einen unschätzbaren Vorteil gegenüber vielen anderen Instrumenten:
Es gibt Tricks. Und zwar jede Menge davon. Jeder einzelne Trick erweitert das musikalische Vokabular etwas und lässt einen in kürzester Zeit *besser* werden. Sofern diese Tricks bekannt sind ☺.
Ich kann nicht mehr zählen, wie oft es mir in meiner Laufbahn vorgekommen ist, dass ich mit heruntergeklapptem Unterkiefer einem Gitarrenkollegen auf der Bühne, bei einem Workshop oder auch in einem Clip im Internet zusah, mir seine Spielweisen betrachtete und mich fragte, warum ich darauf nicht selber gekommen bin.

Es gibt einen sehr pragmatischen Ansatz für originelles Gitarrenspiel. Hier ist das Instrument, hier wird gegriffen, hier wird gezupft.

In diesem Buch findet sich eine ganze Reihe von Tricks. Einige handwerkliche, einige theoretische, einige philosophische und einige völlig bescheuerte.
Das Ziel ist es, dir als Leser diese Tricks vorzustellen.
Oft funktionieren sie schon beim ersten Versuch und bereichern den eigenen Stil nach nur wenigen Trainingsminuten.

Niemals vergessen. Es gibt kein *richtig oder falsch*, es gibt nur *funktioniert oder funktioniert nicht*. Mach dein eigenes Ding aus diesen Anregungen. Freu dich über jeden noch so abgedrehten Effekt und noch so unorthodox hergeleiteten Klang.

Das Geheimnis besteht aus drei Worten:
Musik macht Spaß

Michael Völkel Wanne-Eickel, Februar 2017

Kapitel 1: It don´t mean a thing, if it ain't got that swing …

Licks à la Django Reinhardt

Django Reinhardt war für die Jazzmusik das, was Jimi Hendrix für den Rock war. Er war nicht nur ein begnadeter Gitarrist, der trotz einer verkrüppelten linken Hand Standards geschaffen hat, die noch heute Verwendung finden - er war auch ein großartiger Entertainer.
Sich in den USA der 1930er Jahre musizierenderweise an einer Art Schaukel von der Hallendecke abseilen zu lassen, war etwas, das seinerzeit sicher ganz weit oben bei den Special FX gelistet war.
Django Reinhards Stil ist Stoff für Doktorarbeiten, doch gibt es eine recht einfach zu realisierende Methode, sich seiner Spielwiese *anzunähern*. (Das ist jetzt bewusst sehr vorsichtig ausgedrückt, denn der Autor erwischt sich beim Verfassen dieser Zeilen heimgesucht von akuten Ehrfurchtsschüben und dem dringenden Wunsch, sich tief vor dem Meister zu verbeugen.)

Es ist ein sehr gefälliger Trick, um ein Gitarrensolo mit etwas Gypsy-Swing aufzupeppen, den ich bei Matt Smith, dem Verfasser des Vorwortes kennenlernen durfte. Sollte der motivierte Gitarrist einmal seinen Weg nach Austin finden, dann besucht auf alle Fälle Matts *Six-String-Ranch*. Der Mann ist ein unglaublich netter Kerl und so richtig versiert.

Die fettgedruckten Zahlen zeigen die Muster eines Dur- und eines 7/9-er-Akkordes. Der Mittelfinger greift der Reihe nach die Akkordtöne ab. Zuvor greift der Zeigefinger den Halbton darunter.

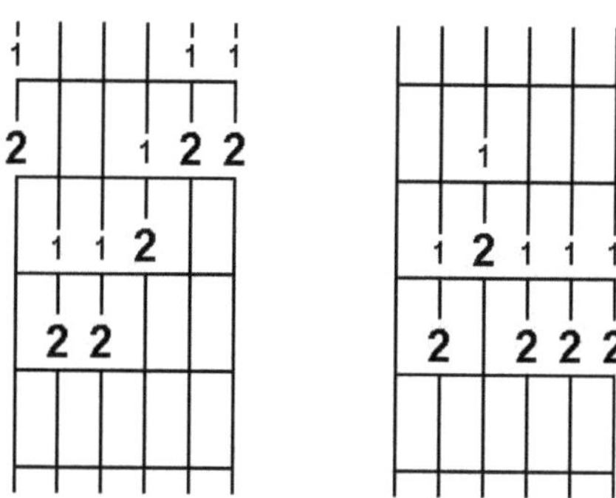

Das Ganze funktioniert mit jedem Akkord. (Auch moll, alteriert oder maj7)

Anwendungsbeispiel für G und C7/9

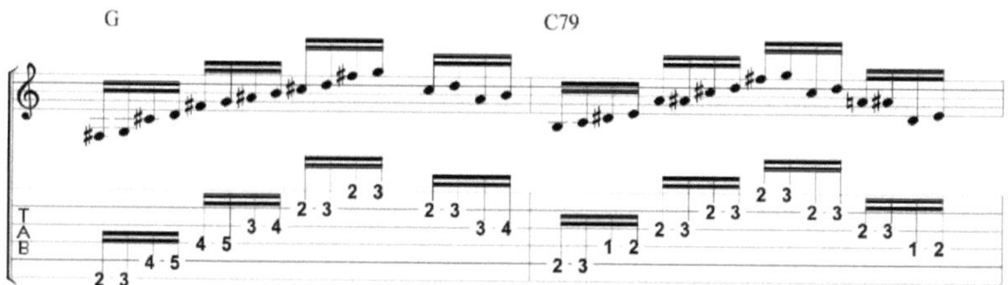

Kapitel 2: Jazz kann auch sehr einfach sein: die Fake-moll-Tonleiter

Skalen lernen ... Gähn ... lydisch Flat 7, mixolydisch, dorisch, lydisch ... Puuuh. Da ist Gehirnschmalz gefragt. Und das sicher auch zu Recht, denn das Wissen über Akkorde und Tonleitern ist wichtig für diese Musik. In keiner Weise möchte ich hier darauf hinaus, die mühsam zusammengetragene Erfahrung für diese sehr anspruchsvolle Musik für nutzlos zu erklären.

Manchmal hilft es jedoch sehr, auf einfachere Möglichkeiten zurückzugreifen. Ohne sich Gedanken darüber machen zu müssen, wie jetzt geschickt und melodiös von der mixolydischen in die dorische Tonleiter gewechselt werden kann, sondern im Vertrauen, auch ohne akademisches Wissen die *richtigen* Töne zu finden. Einfach weil sie so gut in der Hand liegen.

Genau hier kommt die *Fake-moll-Tonleiter* ins Spiel.

Als Beispiel nehmen wir a-moll. Wir wissen, dass das A auf der dicken E-Saite im 5. Bund liegt. (Falls nicht, dann weißt du es jetzt ☺) Von hier aus bauen wir unser Solo auf. Im 5. Bund finden wir nur richtige leitereigene Töne. Es wäre also theoretisch möglich,

ein jazziges Solo nur im 5. Bund zu spielen ... durch das Wechseln von einer Saite auf die nächste oder auch mal das gleichzeitige Zupfen von 2 Saiten. Hört sich abgedreht an, aber funktioniert.
Erstelle dir ein Playback in a-moll mit einem Looper oder einem Sequenzer und probiere das mal aus.

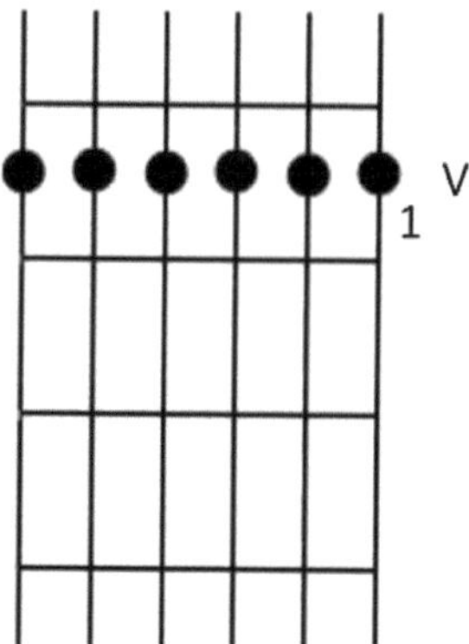

Das klingt ungewöhnlich, aber bei weitem nicht schlecht oder falsch.
(Vorschlag für das Playback: Am7-D7#9)

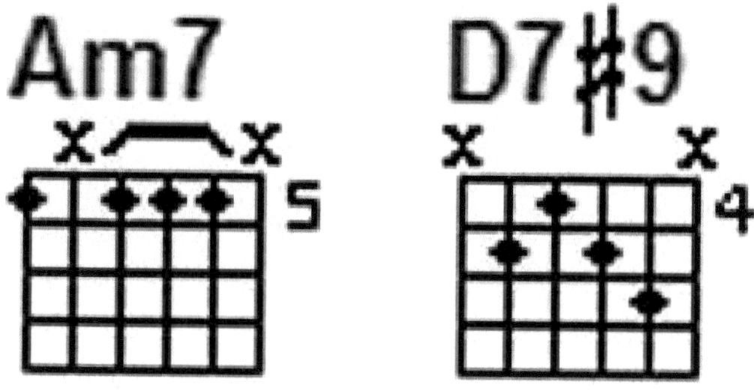

Einen Schritt weiter gehen wir, indem wir pro Saite einen 2. Ton hinzunehmen. 2 Bünde weiter im 7. Bund. Das gibt schon erheblich mehr melodische Möglichkeiten.

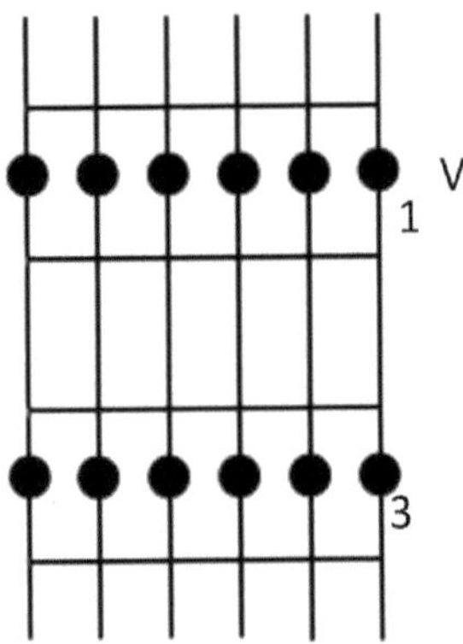

Und jetzt kommt´s: Wir nehmen noch den 4. Bund hinzu 3 Töne pro Saite im 4., im 5. und im 7. Bund.

Die *Fake-moll-Tonleiter*

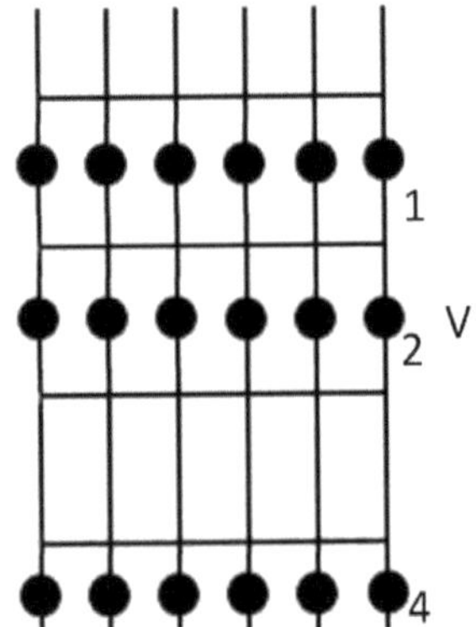

Die Töne im 4. Bund sind nicht alle *richtig* im Sinne der Harmonielehre, aber cool. Mit ihnen ergeben sich schöne, jazzige Läufe mit den zusätzlichen *krummen* Tönen, die den Jazz ausmachen.

Es ist jetzt nicht wichtig zu wissen, um welche Akkord-optionen es sich dabei handelt. Es geht nur darum, sich darauf verlassen zu können, dass dieser einfache Fingersatz coole Läufe hervorbringt. Einfach nur spielen und der Musik freien Lauf lassen, ohne nachdenken zu müssen. Das funktioniert auch gut als Rettungsanker, wenn du dich mal völlig im Akkordgewirr eines Jazzstandards verlaufen hast und wieder etwas Sicherheit ins Solo bringen möchtest.

Das einzige, was bekannt sein muss, ist die Position des Grundtones. (Bei a-moll wie gesagt im 5. Bund der E-Saite, bei c-moll, wäre es der 8. Bund, bei g-moll der 3.)
Wichtig: Singe beim Ausprobieren die Töne mit. Das fördert das melodische Empfinden, steigert die Kontrolle, über das, was die Finger da gerade machen und du gewöhnst dich an ungewöhnliche Klänge.

Faustformel: Wenn ich es glatt und gefällig haben möchte und ohne melodische Reibungen, nehme ich nur den 5. und 7. Bund für mein Solo. Möchte ich, dass es sich reibt und etwas jazziger klingt, nehme ich den 4. Bund dazu.

Dieser Trick bietet einen der einfachsten und dennoch interessantesten Zugänge in die Klangwelt des Jazz, weil er einfach so grandiose Ergebnisse liefert.

Shorty Nr. 1

G-Dur einmal anders:

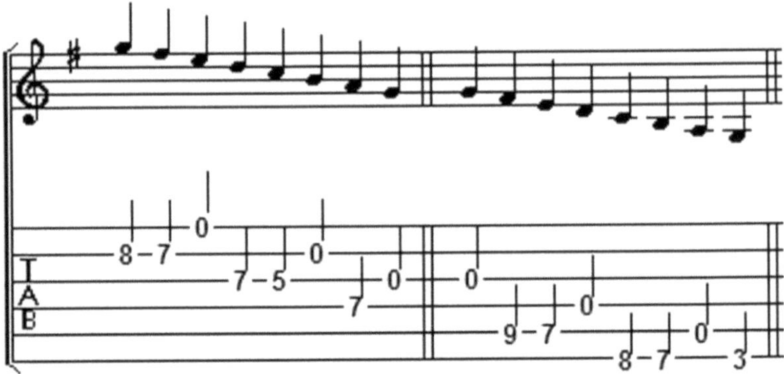

Gegriffene und offene Saiten in einer sehr schönen Kombination. Lässt sich mit wenig Übung sehr schnell spielen und klingt wegen der offenen Saiten etwas voller als eine *herkömmliche Tonleiter*. Verwendbar für G-Dur, e-moll, D7, Am7 und alle mit G-Dur.

Kapitel 3: Fingerstyle: Der Daumen in kreativer Wechselwirkung mit den anderen Fingern. Ein Drama in 7 Akten

Auch für Hybridpicking[1] verwendbar.

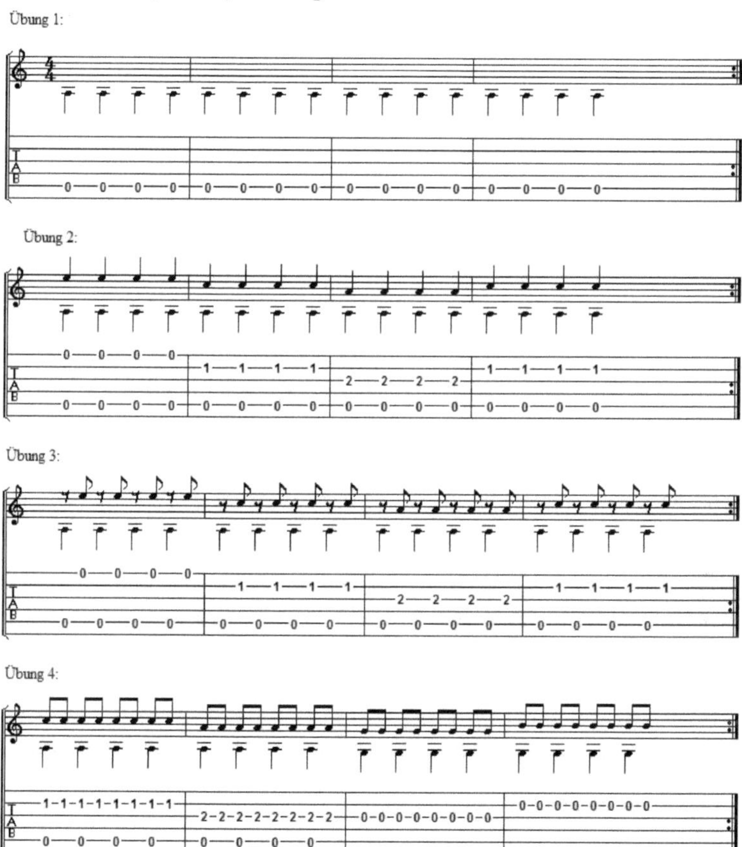

[1] Hybrid-Picking: Kombination aus Spiel mit Plektrum und Fingern. Wird häufig im Country verwendet. Man kann es verstehen als eine Art Fingerpicking, bei dem man das Plektrum nicht loslassen muss. Beispiele: die Acoustic-Parts der Band Yes, gespielt von Steve Howe; Ian Anderson von Jethro Tull, Country-Gitarrist Albert Lee ...

Zugegeben ... das geht nicht ganz ohne Training. Aber es lohnt sich und ich habe mich hier wohlwissend um die Tatsache, dass für den Spaß am Spielen ein sofortiger Nutzen am besten ist, das Thema in unterschiedliche Schwierigkeitsgrade gegliedert, die dann auch sofort ins eigene Spiel einfließen können. Töne mit nach unten gerichteten Notenhälsen werden vom Daumen bzw. Plektrum gespielt, Töne mit nach oben gerichteten Hälsen mit den Fingern.

Die Ausführungen beziehen sich auf das Zupfen mit Daumen und Fingern. Wer sich an Hybridpicking ausprobieren möchte, kommt nicht umhin, sich um eigene Lösungen zu bemühen, denn es lässt sich nicht alles 1:1 von einer Technik in die andere übertragen.

Übung 1:
ist eigentlich keine richtige Übung, aber zur Vollständigkeit gehört sie einfach dazu. Es reicht vermutlich, wenn man diese Tonfolge 2-3 mal in unterschiedlichen Tempi durchspielt (scheu dich nicht, ein Metronom zu verwenden ☺) Hier ist auch eine gute Gelegenheit, sein *Palm-Muting*[2] zu vertiefen

---

[2] Palm-Muting: Der Handballen der rechten Hand wird beim Spielen auf die tiefen Saiten gedrückt. Das Ergebnis ist ein eher perkussiver Ton, der nicht so lange ausklingt wie eine offene Saite. Beim Fingerpicking trennt diese Technik Bass und Melodie sehr deutlich, in der Rockmusik bringt das Palm-Muting den knackigen Sound, den wir von Bands wie Metallica oder Black Sabbath kennen.

und mit gedämpften und ungedämpften Klängen zu experimentieren.

Übung 2:
Jetzt kommen die Finger hinzu. Mit jedem Daumenschlag wird auch eine Saite gezupft. (der Ringfinger zupft die hohe-E-Saite, der Mittelfinger die H-Saite, der Zeigefinger die G-Saite.) Bei den abgebildeten Noten handelt es sich um den Griff *Am*.

Übung 3:
Die linke Hand macht das gleiche wie in Übung 2 (ein *Am* greifen), bei der rechten Hand wechseln sich jetzt Daumen und Finger ab. Der Melodieton sitzt sozusagen zwischen 2 Basstönen. Etwas *angeshuffelt*[3] entsteht so ein schönes Swingfeeling.

Übung 4:
Der Daumen zupft weiterhin den Bass in Vierteln, die Finger zupfen Achtel. D.h. auf jeden Basston kommen 2 Melodietöne. Es handelt sich hier um eine rein technische Übung. In der Praxis steht nicht zu erwarten, dass irgendwann 8 Mal hintereinander die gleiche Saite gezupft wird.

---

[3] Shuffle: siehe Glossar)

Übung 5: Die Kunst liegt im Weglassen

Wer bis jetzt gut mitgekommen ist, sollte keine Schwierigkeiten mit dieser Übung haben. Der erste Melodieton wird mit dem Bass zusammen gezupft, die nächsten beiden zwischen 2 Basstönen. Dieses rhythmische Muster sollte sehr gut verinnerlicht werden, denn es bereitet auf das *Travis-Picking* vor, ein Zupfmuster mit dem komplette Lieder begleitet werden können. (Beispiel: *Dust in the Wind* von Kansas.) in dieser Übung werden die Griffe Am und G gewechselt.

Übung 6: Weg vom Griff, hin zur Melodie

Die dorische Tonleiter – sehr verwandt mit einer normalen Moll-Ton-leiter ist oft in altertümlichen Melodien zu finden. Ein üblicher mittelalterlicher Dudelsack, auch Marktsack genannt, ist in A-dorisch. Spielt eigene Melodien, sobald der Fingersatz automatisch läuft. Lange Töne, kurze Töne, Töne mit dem Bass, Töne zwischen den Basstönen, Pausen, schnelle Läufe ... was auch immer. Hier ist Kreativität gefragt.

Übung 7: Wechselbass (Travis-Picking)

Wenn bisher der Daumen monoton auf der A-Saite geblieben ist, wechselt er nun abwechselnd von einer Saite zur nächsten. Im ersten Takt findet sich (sozusagen) die Grundlage der vielstimmig gespielten Fingerstyle-Gitarre. Trainiere diesen Takt ruhig gesondert und versuche, dir den Bewegungsablauf so in die Finger zu brennen, dass sich ein Automatismus entwickelt. In Takten 3 und 4 wechseln wir zum G. Dabei wechselt der Daumen zwischen tiefer E- und D-Saite hin und her. Siehe auch Kapitel *Travis-Picking*.

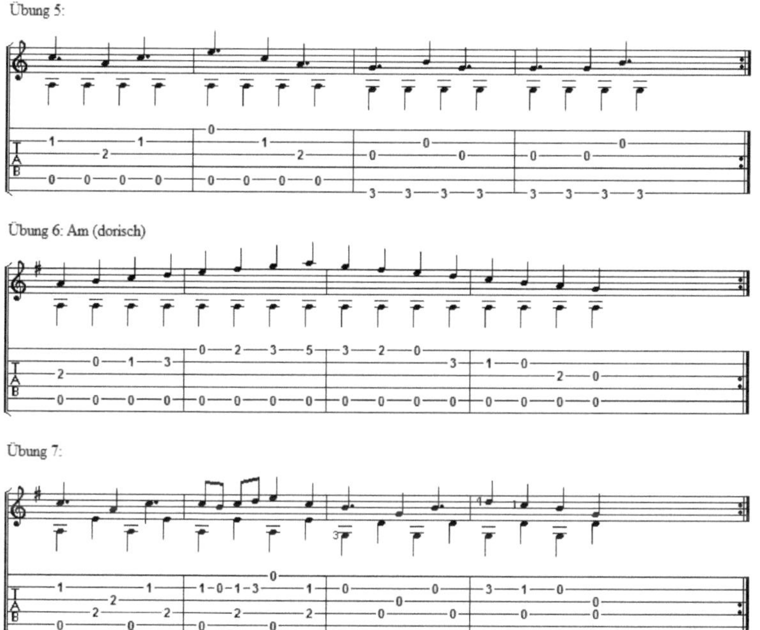

Dies ist A-Dorisch und ist sehr verwandt mit A-moll, was wiederum in einer kraftvoll majestätischen Stimmführung sich auswirket.

Auf der Gitarre lasset dieses sich wie folgt spielen:

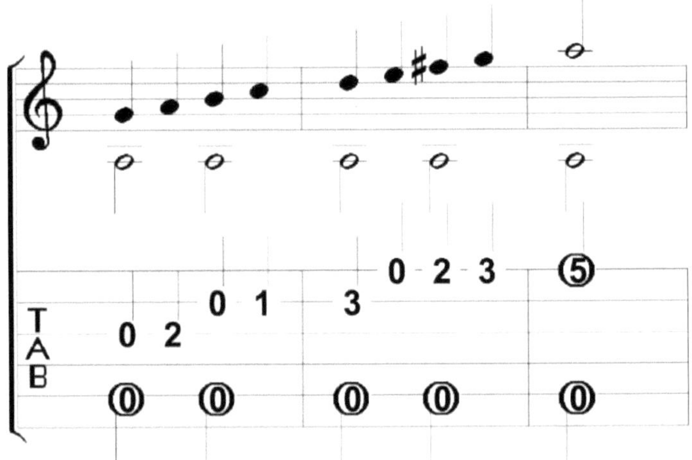

Der Daumen schlaget die Töne, deren Hälse nach unten sich neigen, die Finger diejenigen, welche nach oben sind gerichtet.

Man spiele dieses vorwärts und rückwärts, auf dass die Finger sich gewöhnen an derlei Bewegungen. Auch kann der Gitarrenspieler nun schon beginnen, mit dem vorgestellten Material an Tönen Melodien zu bilden, wobei der Daumen zupfet an der A-Saite, um zu erzeugen das Dudelgebrumm.

Beispiel: Traubentritt

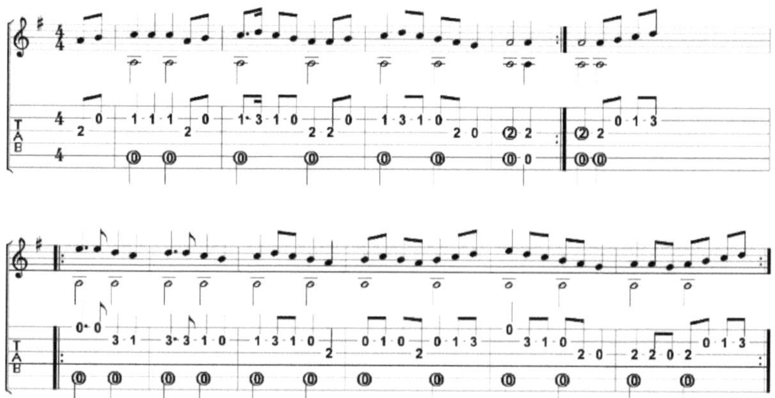

Beispiel: Canzonetta

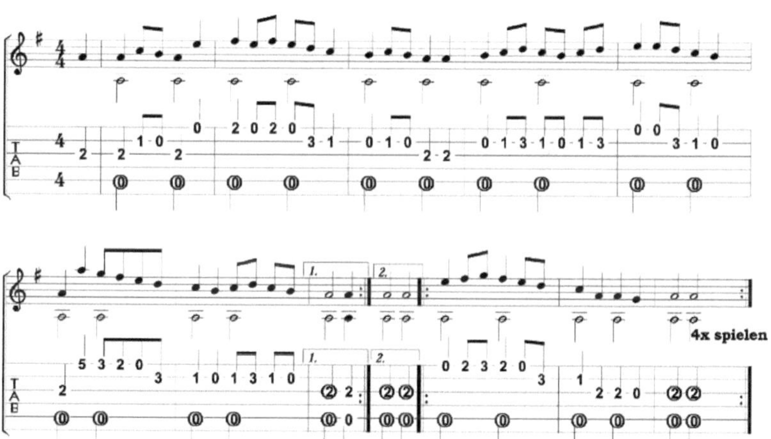

Mit dieserlei Melodeien lässt schon ein feines Getön auf der Gitarre sich erzeugen ...

Aaaber ...

Wenn doch der Saiten sechs an der Zahl zur Verfügung wir haben, ist es doch eine Vergeudung der trefflichen Möglichkeiten, wenn wir nur zwei der Saiten zugleich spielen.

So wollen die Töne nun wir harmonisieren, was da heißet, dass zugleich weitere Töne seien gespielet.

So sehet denn her:

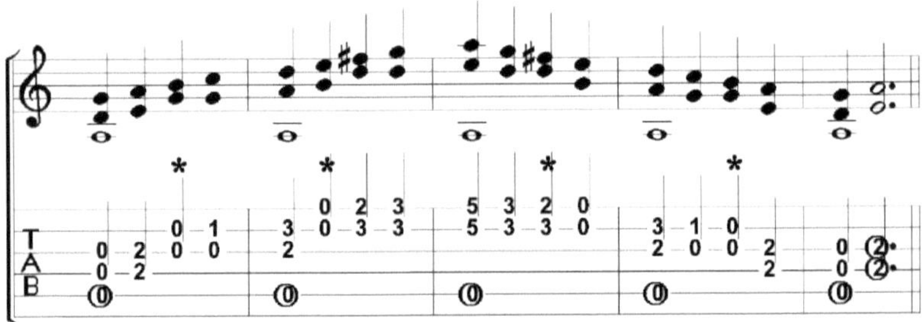

Wir sehen, dass zu einem jeglichen Melodieton nun ein jeweils tieferer sich gesellet.

Und wir hören – wollen wir doch nicht vergessen, dass Musik mehr mit Hören, als mit Sehen zu tun hat ☺ –, dass sich diese Töne kraftvoll ineinander fügen.

Man muss nun wissen, dass zu Beginn der mehrstimmigen Musik im Abendlande man nicht an die Klangfülle neuerer Zeiten gewöhnet war. Als wohlklingend vermochte man zum Melodieton nur die Quint, die Quart und die Oktav zu betrachten.

Selbst die Terz, die heutzutag fast schon als kitschig, engelsgleich, schauerlich wohlig dem Ohr gefällig (denke nur an Weihnachtslieder mit zwei Blockflöten) man empfindet, galt seinerzeit als üble Dissonanz und ward meines Wissens nach sogar von der Kirche verboten. (Es ist doch erstaunlich, auf welche Ideen man kommen kann, wenn im Zölibat man lebt.)

Die obenstehende Tonfolge entstand aus dem Interesse heraus, die Vielstimmigkeit der Saiten zu nutzen, ohne gleich in knochenknackende Griffe übergehen zu müssen. Sie ist nur durch das Ohr schlüssig und folgt keinerlei Regeln außer denen der Gefälligkeit und Spielbarkeit. So versteht es sich auch, dass in der Übung sich auch Terzen befinden, obwohl sie nicht so ganz authentisch zu nennen sind.

Dies sei nun angewendet auf den Traubentritt

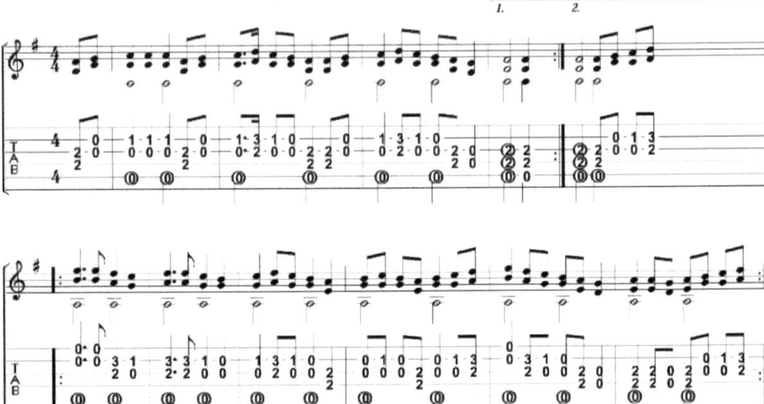

Kennt einer der Leser die Musik von Ritchie Blackmore? Diese Klänge und Griffe finden sich dort des Öfteren (*Man on the silver Mountain*, *Sail away*, ja … und auch *Smoke on the Water* … Alles Riffs, die auf Quartparallelen aufgebaut sind.)

Als etwas kniffliger zu greifen, erweist sich die Canzonetta, wenn vielstimmig sie gespielet sei:

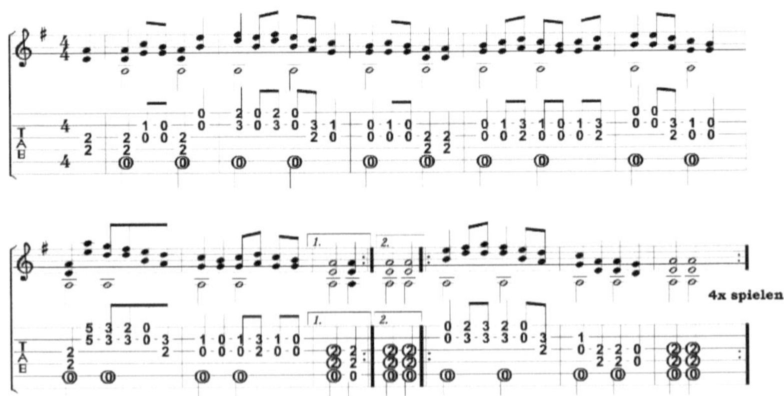

Man erschrecke nicht vor diesen vielen Tönen. Die schwarzen Notenpünktlein zeigen nichts anderes, als was schon vorgestellet wurde. Sollte es zunächst als zu schwierig sich erweisen, so schalte man einen Gang zurück und beschäftige sich noch eine Weile mit dem Traubentritt.

Doch habe noch eine weitere Anregung ich mitgebracht, die Möglichkeiten der Gitarre trefflich zu nutzen. Wiederum in A-Dorisch, also durchaus zu kombinieren mit dem was bisher Ihr Euch draufgeschaffet habet.

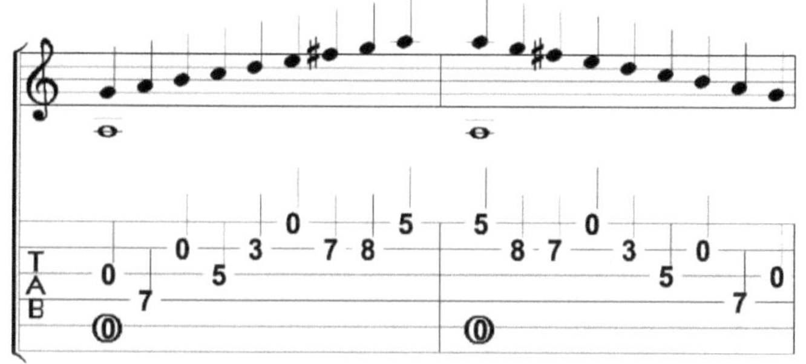

Man mag sich fragen, welchem Sinn es folget, eine einfache Melodie so vertrackt zu greifen.
Nun ...
Diese Art zu greifen lasset die Gitarre erklingen wie eine Harfe. Ihr sehet, dass die aufeinander folgenden Töne auf nebeneinanderliegenden Saiten sind gezupfet. Achtet darauf, dass der Ton noch klinget, auch wenn der Folgeton schon angeschlagen wurde.

Töne überlagern sich dann wie bei einer Harfe. Wie du sehest, muss man auch da Kompromisse zu Gunsten der Bespielbarkeit eingehen. Fis und G werden auf der gleichen Saite gegriffen, damit niemand Gefahr laufen muss, die Finger derart zu verbiegen, dass sich die Handwurzelknochen hinterher verstreut am Boden liegend finden.

In der Praxis ist jedoch alles nur halb so wild, wie wir erneut beim Traubentritt erkennen:

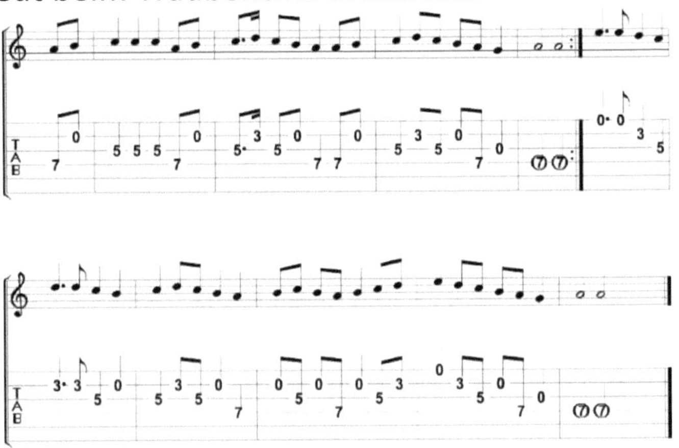

Wer mag, kann sich dies natürlich ebenfalls unterlegen mit Bordun oder passenden Bass-Tönen. Doch finde ich, dass die nun erreichte Klangfülle tatsächlich ausreichet, um auch eine einfache Melodie wie den Traubentritt aufgepimpet wirken zu lassen.

Kapitel 5: Falscher Ton ... Was nun?

Hier etwas sehr Einfaches für die Sologitarre, was mir aber schon wiederholt auf der Bühne geholfen hat, nicht wie ein Depp dazu stehen.

Das schönste Gitarrensolo fließt gerade aus den Fingern und dann ist sie da, die Katastrophe: ein falscher Ton[5]!!!
In Zeiten von YouTube und Facebook kann auch ein leichtes Schwächeln die allgemeine Erheiterung der Schwarm(un)intelligenz von Usern sozialer Medien auslösen und sich unauslöschbar ins kollektive Bewusstsein der Internetserver brennen. Da ist Gefahr im Verzug!!!

Hier die Lösung: RUTSCHT EINEN BUND WEITER ODER EINEN zurück. Gnadenlos steht die Dissonanz im Raum: aus Versehen im 6. Bund gegriffen, dabei wollte ich doch eigentlich... (was auch immer ich da wollte). Doch anstatt dem blanken Entsetzen zu unterliegen, rutsche ich einfach ... in den fünften oder in den siebten Bund. Denn da liegt in vorliegendem Fall IMMER EIN RICHTIGER TON!

---

[5] Ich möchte hier nicht die Diskussion starten, was ein falscher Ton ist... so von wegen ist doch alles Geschmackssache und Thelonius Monk hat auch schon mal sowas gemacht und das war geil und falsch gibt´s ja gar nicht und blablabla ... *Ein falscher Ton* bedeutet für dieses Kapitel, einer, den ich nicht haben wollte.

Warum das so ist, lässt sich am besten an einer Klaviertastatur verdeutlichen:

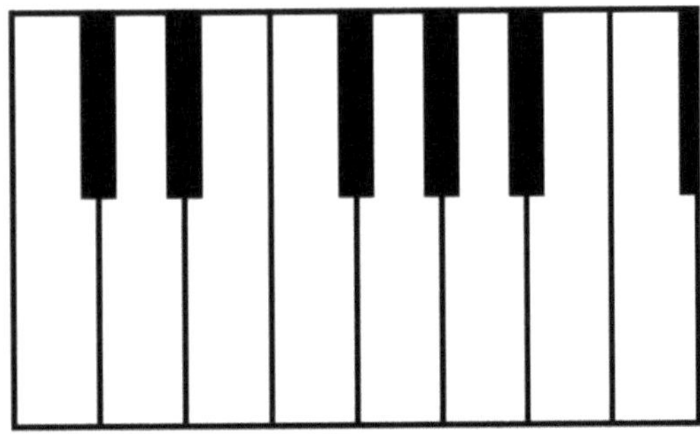

Gehen wir einmal von der Tonart C-Dur aus, so werden die meisten wissen, dass es sich dabei um die weißen Tasten des Klaviers handelt. Wenn nicht, weißt du es jetzt ☺. Die schwarzen Tasten gehören zu anderen Tonarten, sind also erstmal *falsch* (siehe Fußnote).

Aaaber … links und rechts neben jeder schwarzen Taste liegt eine weiße, also ein richtiger Ton. Das Gleiche auf die Gitarre angewendet, bedeutet halt ein Bund drüber oder drunter.

Das Wissen nun dein ist, junger Padawan. Nutzen tun, du sollst nun. Ende der Geschichte.

P.S.: Nein …, doch noch nicht ganz das Ende. Anstatt von einem Bund zum nächsten zu rutschen, kann die Saite auch um einen Halbton hochgebunden werden. Das klingt noch überzeugender.

Shorty Nr. 2

Der heiße Tipp des Alt-Musikusses

Der tiefere Sinn der Faulheit: Versuche, dein Übungsmaterial so geschickt zusammen zu stellen, dass du möglichst wenig Arbeit oder einen möglichst weitreichenden Nutzen davon hast. Tonleitern, Akkordfolgen etc. sind z.B. in jeder Tonart zu verwenden, wenn du auf offene Saiten verzichtest.

Kapitel 6: Blues: Mit der Lupe auf Takt 4

Wir kennen (hoffentlich) das Standard-Blues-Schema. Hier nochmal zum Erinnern ein 12-Takt-Blues in A:

A7	A7	A7	A7
D7	D7	A7	A7
E7	D7	A7	E7

In der ersten Zeile sehen wir 4 mal hintereinander das A7. Das erschien schon recht früh in der Entwicklung des Blues einigen Interpreten als *etwas zu viel des Guten* und ist im Jazz so gut wie gar nicht mehr üblich. Hier eine Alternative (nur für die ersten 4 Takte): |A7 |D7 |A7 |A7 A7#5|

Der *verfrühte Wechsel* auf die Subdominante D7 in Takt 2 nennt sich Quick-Change, aber der soll hier nicht interessieren.

Wir halten die Lupe auf Takt 4:
|A7 A7#5|

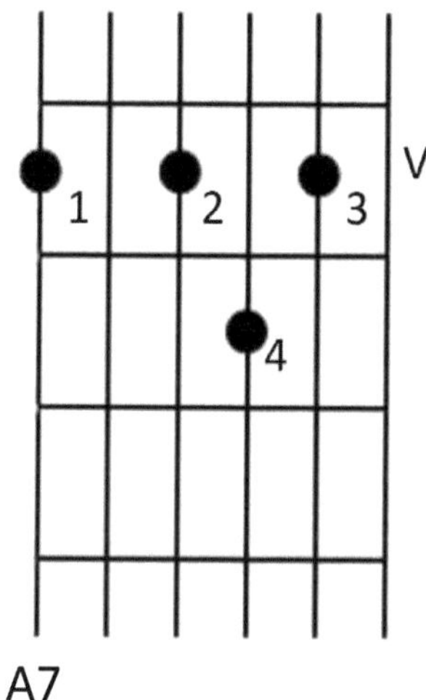

A7

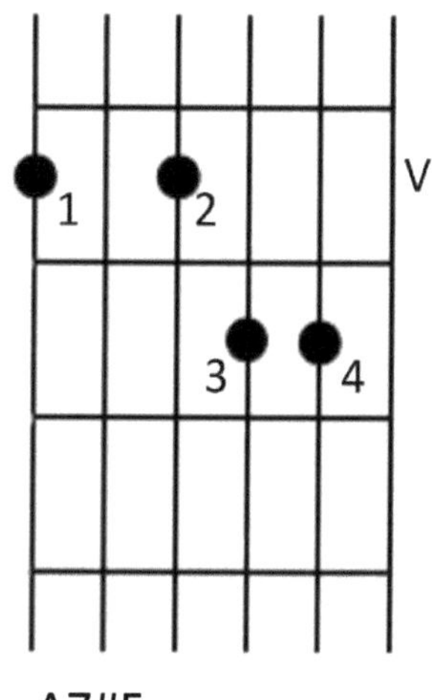

A7#5

Die Fingersätze sind nur Vorschläge. Sei kreativ und finde eure eigene passende Lösung ☺.

Für die Rhythmusgitarre ergibt sich ein sehr schönes jazziges Element, wenn diese Griffe verwendet werden.

Kommen wir zur Solo-Gitarre:
Wie immer entscheidet der eigene Geschmack, aber damit das hier funktioniert, empfehle ich, den Takt 5 mit der mixolydischen Tonleiter zu beginnen. In Abb. 27 habe ich die kleine Terz von A – das C (als Kreis dargestellt) – noch hinzugefügt.

Wenn es jetzt an den Wechsel zum A7#5 geht, rutsche einfach in die 6. Lage und spiele die abgebildeten Töne mit Finger 1 und 3. Auf diese Art und Weise bekommen wir die b5, die #5, die b9 und die #9. Alles Töne, die den A7-Akkord sehr jazzig verändern. Auf dem Weg zum 5. Takt (D7) nehmen wir einfach den gleichen Fingersatz und rutschen mit ihm zurück in die 5. Lage. Egal, mit welchem Finger und auf welcher Saite … Wir gelangen immer an einen Ton, der zu D7 passt, und können von dort aus einfach nach Gutdünken fortfahren mit dem Solo.

Hier also das Tonmaterial für die erste Hälfte von Takt 4:

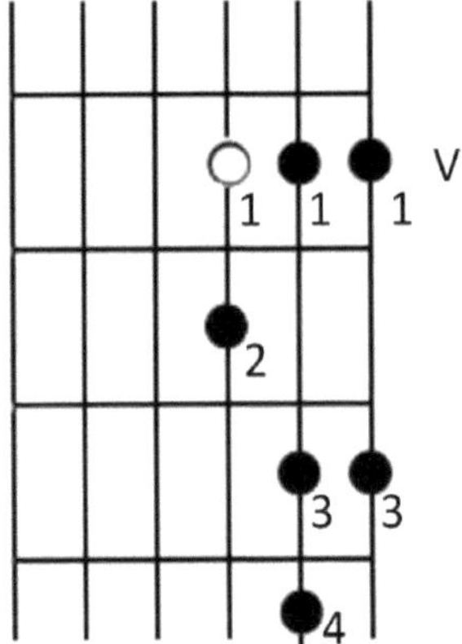

Hier die Töne für die 2. Hälfte
(mit den krummen Tönen, die zu A7#5 passen):

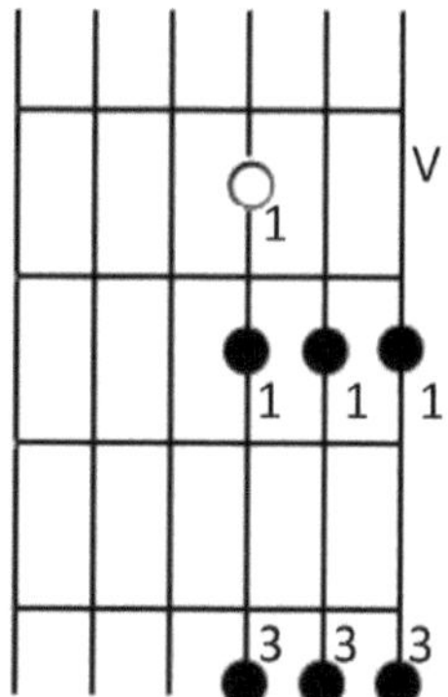

Und hier die Töne für D7:

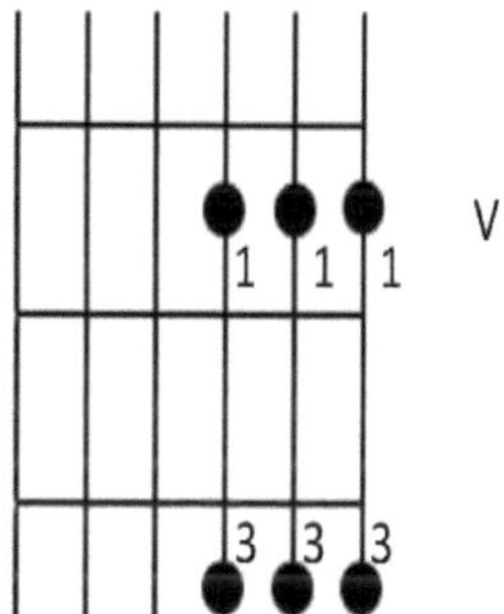

Nicht für jede Situation sind diese Klänge gut geeignet. Bei Swing und Jazz passen sie gut, bei Texas-Blues oder traditionellem Blues entscheidet wiederum der eigene Geschmack, was gut funktioniert. Ausprobieren.

Kapitel 7: Travis-Picking – ohne geht es nicht.

Merle Travis (1917-1983) war ein (zumindest) in den USA sehr bekannter Country-Gitarrist und in seiner Zusammenarbeit mit der Firma Bigsby ein Vorreiter in der Entwicklung der E-Gitarre. Er schrieb den Song *Sixteen Tons* und hatte einen außerordentlich guten Ruf wegen seiner ausgefuchsten Spieltechnik auf der Gitarre.

In Europa ist Travis in Gitarristenkreisen durch die nach ihm benannte Spieltechnik bekannt. Das Travis-Picking verbindet rhythmische Bassbegleitung mit Melodielinien und macht die Gitarre so zu einem mehrstimmigen Instrument

Wie so oft hat sich auch der Name *Travis-Picking* verselbständigt und je nachdem, wen man gerade fragt, gibt es unterschiedliche Antworten.

Dies hier ist meine:

Der Daumen schlägt abwechselnd 2 tiefe Saiten im Viertelrhythmus, die Finger legen Harmonien und Melodien darüber.

Und so geht´s (am Beispiel vom Griff G-Dur):

Daumen und Mittelfinger zupfen zusammen die E- und die H-Saite. Danach springt der Daumen zur D-Saite, der Zeigefinger zupft die G-Saite etc.

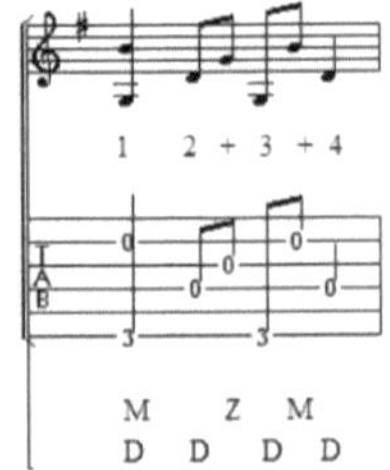

Auf der Abbildung ist das recht übersichtlich dargestellt.
Wichtig: Der Daumen zupft ganz regelmäßig die Viertelnoten durch. (Das wird in der anderen Abbildung deutlicher. In dieser hier ging es um den das rhythmische Muster der ganzen Hand.)

Die Finger folgen diesem Viertelrhythmus. Entweder zupft der Finger gleichzeitig mit dem Daumen, wie im am Anfang des Taktes, oder der Fingeranschlag sitzt genau zwischen 2 Basstönen. Insgesamt klingt der Rhythmus in etwa wie *Dum takataka Dum*.

Es braucht sicher etwas länger bis sich dieses Zupfsystem so verfestigt hat, dass es problemlos als Liedbegleitung verwendet werden kann, aber es lohnt sich.
Das Wesentliche bei diesem Zupfmuster ist der Wechsel-Bass mit dem Daumen. Was die Finger dazu spielen, ist nicht so festgelegt und hängt vom Rhythmus und der Melodieführung ab.

Siehe auch Kapitel Monoton-Bass

Folkballade in irischem Stil

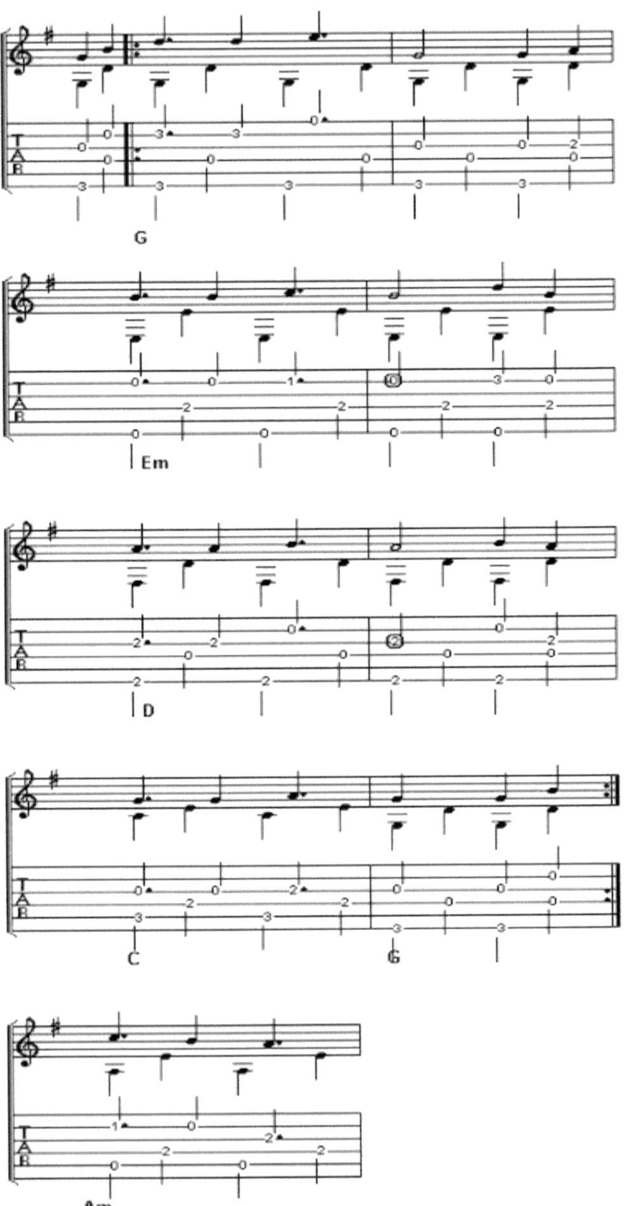

Kapitel 8: Blues heute mal anders

Da scheiden sich die Geister ...
Diese Musik polarisiert. Von der Struktur her ist sie sehr einfach aufgebaut und bietet so auch relativen Anfängern ein schnelles Erfolgserlebnis. Kein Mensch bestreitet die Genialität eines Muddy Waters oder eines John Mayall ... Aaaber ... Der Segen des leichten Zugangs ist auch zugleich der Fluch! Denn beim Blues geht es vielmehr um gefühlvolle Interpretation als um virtuoses Fingerverbiegen.

Üblicherweise lernt der geneigte Bluesmusiker in spe zunächst das harmonische Gefüge des 12-Takt-Blues (das ist das mit Tonika, Subdominante und Dominante... (Falls nicht bekannt, bitte im Anhang dieses Buches oder in weiterführender Literatur nachlesen oder den Gitarrenlehrer fragen.)
Wenn das erledigt ist, geht es an die Bluestonleiter (da kommen Begriffe wie Mollpentatonik, Bluenotes, Verminderte Quinte (oder Tritonus) ins Spiel.
Wir schauen uns jetzt noch einmal die Blues-Tonleiter an, wie wir sie alle mal gelernt haben oder selbiges schleunigst nachholen sollten.

Als Beispiel soll ein Blues in A dienen:

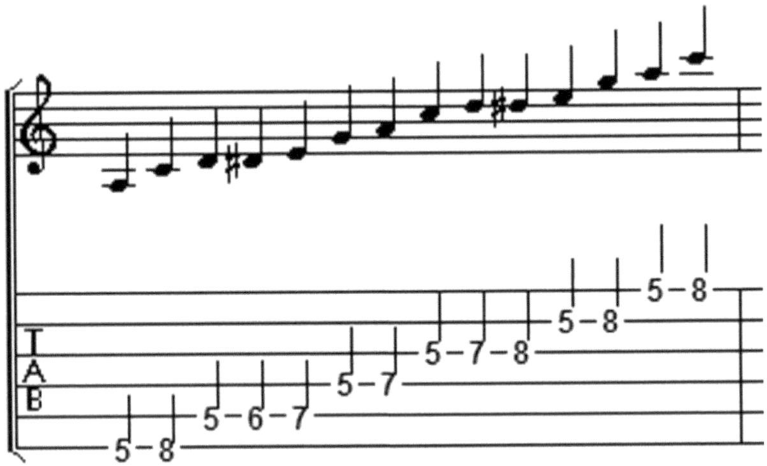

Soweit, so bekannt, so bewährt und auf Dauer so langweilig.

Ok ... Generationen von Gitarristen haben sich durch ein ganzes Musikerleben mit kaum etwas anderem als der Bluestonleiter geschleppt. Meine Hochachtung vor diesen wichtigen Wegbereitern und tollen Musikern, doch regt sich großes Verständnis in mir für jeden, der irgendwann mal die Schnauze voll davon hat, immer das Gleiche zu hören.
Eine sehr schöne Möglichkeit ist es, die gleiche Tonleiter zu verwenden, allerdings um 3 Bünde zu verschieben, sie 3 Halbtöne tiefer klingen zu lassen. Das sieht dann so aus:

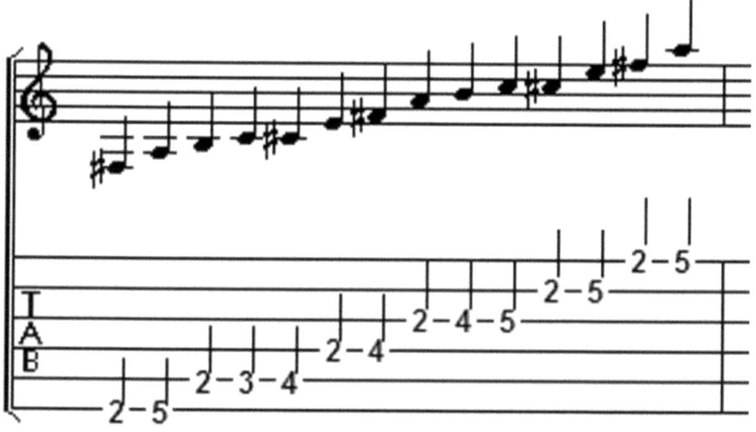

Der Fingersatz ist der gleiche, aber was hat sich durch diesen simplen Trick verändert? Dadurch basiert unsere Tonleiter nicht mehr auf der A-moll-, sondern auf der A-Dur-Pentatonik. Der Blues bekommt ein *Texas-Flair* und wird fröhlich.
Eine kleine Eselsbrücke zur Verwendung: Die Moll-Ton-leiter Beginnt mit dem Zeigefinger im 5. Bund, die Dur-Tonleiter können wir mit dem kleinen Finger im gleichen Bund verwenden. Das ist leicht zu verwirklichen, hat aber eine große Wirkung.

ACHTUNG: Bitte verwende die Dur-Pentatonik nur für die Tonika. Auf der Subdominanten und der Dominanten klingt sie nicht.

Hier ein Anwendungsbeispiel für den typischen 12-Takt-Blues:

A	A	A	A
A-Dur-Pentatonik			
D	D	A	A
A-moll		A-Dur-Pentatonik	
E	D	A	E
A-moll-Pentatonik			

Zusatzinfos für die Experten:
Der Blues ist, wie wir wissen eine Weiterentwicklung der afrikanischen Musik, die von den Sklaven aus ihrer Heimat mitgebracht wurde. Die in der westlichen Kultur übliche Unterteilung in Dur und moll funktioniert hier nicht, denn das komplette Grundgerüst der Musik ist anders aufgebaut. Der Reiz beim Blues (Jazz, Rock and Roll) liegt in einer sehr interessanten Vermischung dieser beiden Klangfarben.
Durch Verwendung der *nach Dur verschobenen* Blues-Skala kommt diese Kombination sehr schön zum Ausdruck.

Shorty Nr. 3 Barock 'n' Roll

Metalsound mal ganz einfach.
Für Akustik oder E-Gitarre.

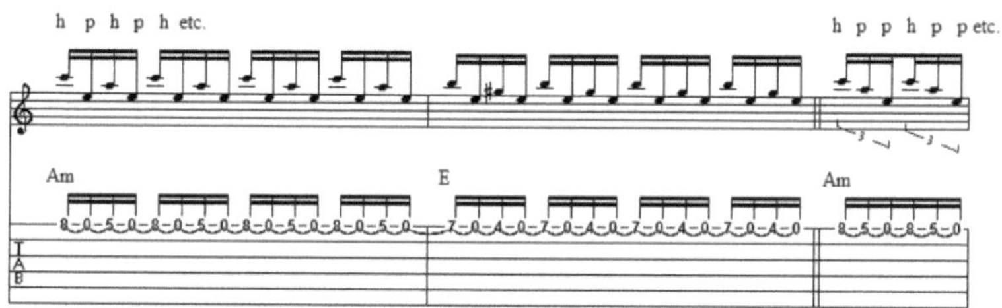

Dieses Lick[6] ergibt ganz leicht den typischen *Harmonisch-Moll-Sound* der seinerzeit von Ritchie Blackmore etabliert und in den 80ern von Metal-Heroes wie Yngwie Malmsteen, Eddie van Halen oder Steve Vai zu absoluter Größe gebracht wurde.

Die rechte Hand wird im Grunde nicht gebraucht, denn mit Hammering und Pull-off ist die linke Hand ganz allein in der Lage, dieses Lick zu spielen. Das Muster lautet: auf den 8.Bund der hohen E-Saite klopfen und dann zur leeren Saite wegpullen. Dann das gleich mit dem 5. Bund. H P H P H P und so weiter. Hinten in der Zeile steht noch eine Möglichkeit der Steigerung. Einmal hämmern und zweimal pullen.

---

[6] Ein Lick ist eine kurze Gitarrenmelodie. Oftmals wird sie zum Füllen zwischen Gesangslinien eingebaut.

P.S. Die rechte Hand hat gerade nichts zu tun. Sie könnte die A- und die dicke E-Saite zupfen, um noch ein paar Bässe hinzuzufügen. Gerade auf der Akustik-Gitarre klingt das sehr schön zweistimmig. Auf einer verzerrten E-Gitarre könnte der Sound etwas schwammig werden. Ausprobieren.

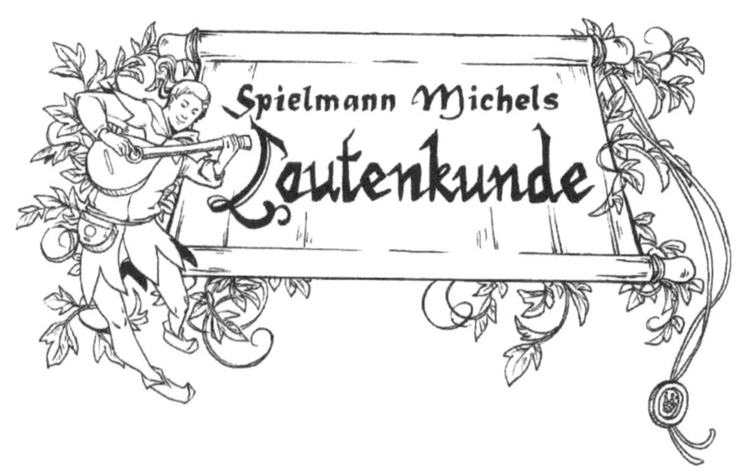

Kapitel 9: Lieblich, lieblich

Das Wort hat wiederum der Spielmann. Diesmal sei das Tanzbein geschwungen zu einer Melodei, die weithin bekannt die Menschen im ganzen Lande aufs Höchste erfreuet, und die Tourdion ist geheißen.

Zugleich versehen sei dieses Kapitel mit einigen Sätzen zur Theorie von harmonischen Moll-Tonleitern und der Kunst, vermittels der Verwendung von gegriffenen Dezimen die Musik auf der Lauten mit großem Effekte trefflich, aber einfach zu setzen.

Wohlan denn, edle Saitenzupfer, ein Tourdion ist ein Tanz aus alten Zeiten, der lebhaft und schnell den Tänzer zum Schwitzen bringet. Schon der große

Tanzlehrer Thoinot Arbeau erwähnet ihn in seiner Orchesographie, einem Buche aus dem Jahre 1589, angefüllet mit Tänzen der damaligen Zeit.

In der heutigen Lectio wollen wir uns zuwenden der wohl bekanntesten Melodie dieser Art. Nicht einig sind sich die Gelehrten, ob diese zurückgehet auf den französischen Komponisten Pierre Attaignant oder aus der Feder eines unbekannten Meisters stammet.

Hier sei zunächst der erste Teil gesetzet auf die übliche Art für die Laute oder Gitarre, gestimmet in EADGHE. Es sei dem Musikus überlassen, ab er es bei der Instrumentalversion belasset, oder ob er auch den Gesang will hinzufügen. Beides ist möglich.

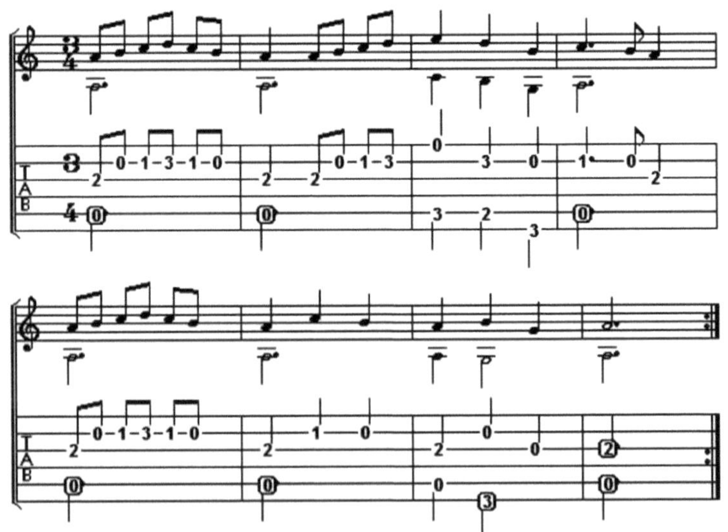

Es sei wiederum dem Musikus anheim gestellet, wie er die Melodei auf seinem Instrumente ausführet. Wohl mag es sich als hilfreich erweisen, nicht jeden einzelnen Ton auch einzeln anzuzupfen, sondern vermittels geeigneter Spieltechniken wie Hammering oder Pull-off mit der linken Hand ein ordentlich Tempo zu erzeugen.

Im dritten der Takte findet sich Erklärungsbedürftiges. Bevor darauf ich näher eingehe, sei hier erst einmal der zweite Teil der Melodei):

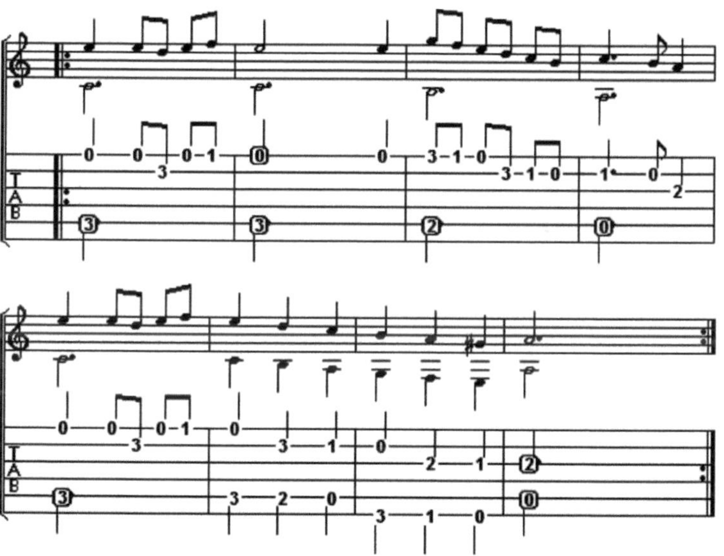

In den Takten 6 und 7 befindet sich erneut jenes erklärungsbedürftige Ding, das oben bereits ward erwähnet. Es handelt sich dabei um Dezimen. Der Abstand der der übereinanderstehenden Töne betraget genau zehn Schritte, daher der Name. (zur näheren Erläuterung: Takt 6, erstes Viertel verbindet das C (A-Saite 3. Bund) und das e (hohe e-Saite leer) miteinander. Beide Töne erklingen zugleich. (was schwer zu übersehen ist, da beide ja direkt übereinanderstehen. Wenn nun von C bis e wir die Töne durchzählen (CDEFGAHcde) kommen wir auf die Anzahl 10.) Dezimen zu spielen ist eine der trefflichsten Methoden, Klangfülle auf der Lauten zu erzeugen, denn der Melodieton wird wunderschon mit einem passend harmonischen Ton unterlegt, der zudem noch in der tiefen Lage ein bassiges Fundament liefert.

Da Probieren über Studieren gehet, ist hier eine Tonfolge in Dezimen aufgeführet, die dem geneigten Lauten- und Gitarrenmusikus das Herz aufgehen lassen wird. Man achte dabei auf die kleinen Nummern neben den Tönen, die anzeigen, welcher Finger verwendet sei. In selbiger Übung finden sich auch Dinge, die in Tourdion sich verwenden lassen.

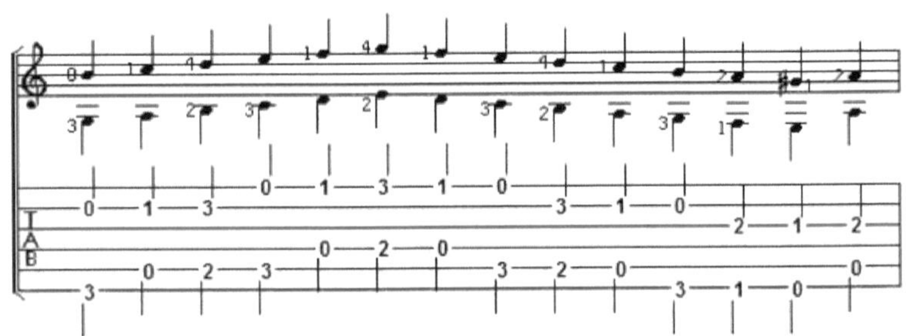

Das F (E-Saite 1. Bund) mag auch mit dem Daumen gegriffen sein, wenn es der Spielweis des Musikus so mehr entgegenkommet.

Ganze Lieder kann mit jenem Trick man auf der Laute zu einem fülligen Klange verhelfen, sobald man sich erst einmal vertraut gemachet hat mit dieser (zugegebenermaßen zunächst etwas ungelenken) Weise, die Finger zu setzen. Dem aufmerksamen Leser ist sicherlich nicht entgangen, dass auch in einigen der früheren Lektionen diese Spielweis bereits Verwendung gefunden hatte.

Tourdion ist gesetzet in a-moll (wieder einmal ... aber da diese Tonart so trefflich wiedergibt, was in diesem Lied nützlich sei, warum sollte man dann verändern, was sich bewähret hat?). Wir finden aber im Liede als auch in der Übung zu den Dezimen verborgen ein kleines Kreuzchen, das aus dem G ein Gis machet (einen halben Ton höher also).

Was es damit auf sich hat, sei kurz erläutert, denn da als zeitreisender Musikus ich das große Glück hatte, Musik auch aus späteren Tagen kennen lernen zu dürfen, weiß ich, wie wichtig sich dieses kleine Kreuzchen in der weiteren Musik ausmachet. (So in der Musik des Barock, der Musik aus dem Balkan und aus dem finsteren Sibirien, in der Musik der Juden oder in kitschigen Sangesballaden neuerer Zeit)

Sehen und hören wir uns zunächst eine „normale" Durtonleiter an, wie wir alle sie kennen aus der Schule.

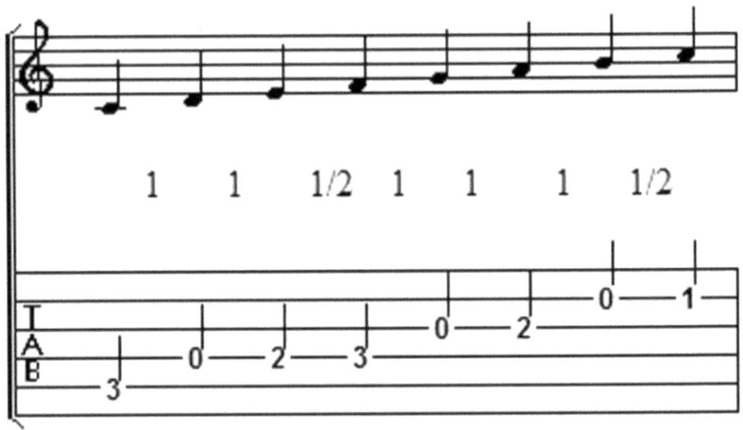

Jetzt spiele man einmal nur die ersten 7 der Töne und lasse den achten Ton weg. Ihr werdet merken, dass da etwas fehlt. Unbehagen macht sich breit und die Spannung des fehlenden Tones ist erst aufgehoben, wenn der achte Ton doch noch gespielet ist. Daher nennet man den siebenten dieser Töne auch Leitton, denn er leitet hinüber zum krönenden Abschluss, dem achten Ton.

Wichtiges Merkmal ist, dass einen halben Ton unter dem Zielton sich besagter Leitton befindet, denn nur so ergebet sich die zwingende Consequentio, sich im Folgeton aufzulösen. (Zwischen den Tönen im Notenbild ist niedergeschrieben, wo sich ein halber und wo ein ganzer Ton Abstand befindet.) Eine Melodie mit dem Leitton aufzuhören ergibt ein Gefühl, das durchaus man als musikalisches Äquivalent zum Coitus interruptus verstehen kann.
Schauen wir nun auf die Moll-Tonleiter (a-moll, damit es zu der heutigen Lectio passet.)
Wie wir sehen, gibt es auch hier Halbton und Ganzton-schritte. (wiederum dargestellet im Notenbilde). Zwischen dem 7. und dem 8. Tone liegt ein ganzer Ton.

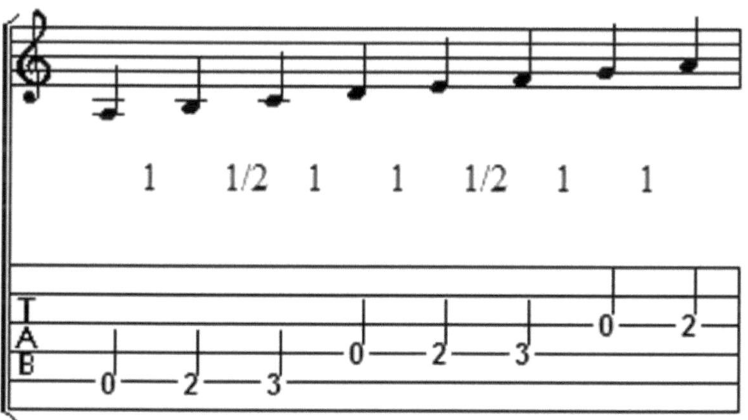

A-moll muss also ohne den Leitton auskommen. Natürlich gehet dieses gut, wie zahlreiche Lieder dieser

Gestalt belegen, doch war das Missen des Leittones ein herber Verlust für so manchen Kompositeur, der fürwahr nicht darauf verzichten mochte, wenn er in Moll schrieb. Und so kamen findige Musikanten auf den Gedanken, einen Leitton künstlich herbeizubringen, indem er den 7. der Töne einfach ein wenig anhob, um einen Halbtonabstand zwischen diesem und dem 8. Ton hervorzubringen. Für A-Moll bedeutet dieses, dass aus dem G ein Gis gemachet wird und schon schreit die so entstandene Tonleiter nach Auflösung im 8. Tone. Dabei nimmt man auch gern in Kauf, dass zwischen 6 und 7 nun ein Abstand von 3 halben Tönen sich befindet.

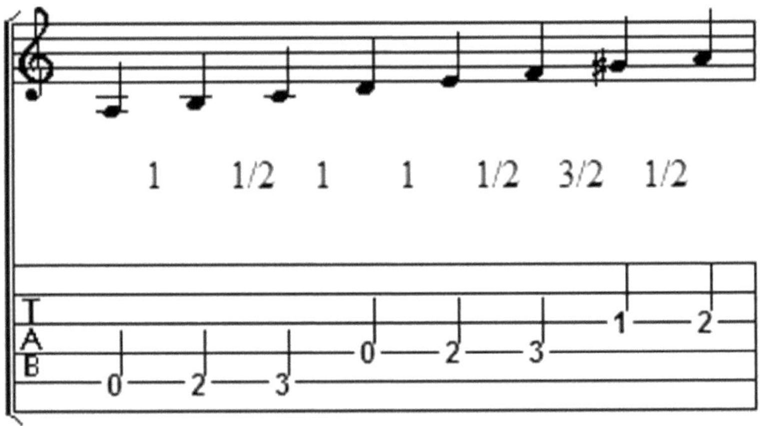

Nun haben wir ein Ding, das harmonisch Moll geheißen.

Das war nun sicherlich und fürwahr viel des theoretischen Geredes. Kurz die aufgeführten Beispiele durchgespielet und schon hat man einen Eindruck. Man denke auch an Lieder wie *Greensleeves* oder *Des Geyers schwarzer Haufen* um das neu erworbene Wissen mit Klängen zu untermalen.
Was nun noch fehlet, um diese Lectio abzurunden ist natürlich der Text des Liedes, dessen Herkunft übrigens nicht geklärt ist und der wohl erst erheblich nach der Melodie entstand.

Hier zunächst in Französisch:

Quand je bois du vin clairet
Amis tout tourne, tourne, tourne, tourne
Aussi désormais je bois
Anjou ou Arbois

Chantons et buvons
À ce flacon faisons la guerre
Chantons et buvons
Mes amis
Buvons donc.

Dann in Deutsch:

Hey, der gute, kühle Wein
Macht alles kunterkunterbunt sich drehen

Holt die Gläser schenket ein
Anjou und Arbois

Vivat! Singt und trinkt
Und leert die Flasche bis zum Grunde
Singt und trinkt mit uns den Wein
Schenket ein.

Fast schon bedauerlich, dass sich eine solch schöne Melodie als Sauflied entpuppet.

Herrjeh ... Fast hätte ich es vergessen. Es fehlen noch die Griffe für die Lautenbegleitung. Gut, dass es mir noch eingefallen ist ... Ich will mich ja nicht schmähen lassen für diese sträfliche Unterlassung ☺.

|Am |Am |C G |Am |
|Am |Am |Am G |Am |

|C |C |G |Am |
|C |C G Am |G F E|Am |

Gehabt Euch denn wohl, erfreuet Euch an Eurem Instrument und Eurer Stimme und ich freue mich auf ein erneutes Treffen mit Euch bei der nächsten Lectio.
Euer Spielmann Michel

Als kleine Zugabe soll hier noch ein altbekanntes Weihnachtslied angeführet sein:

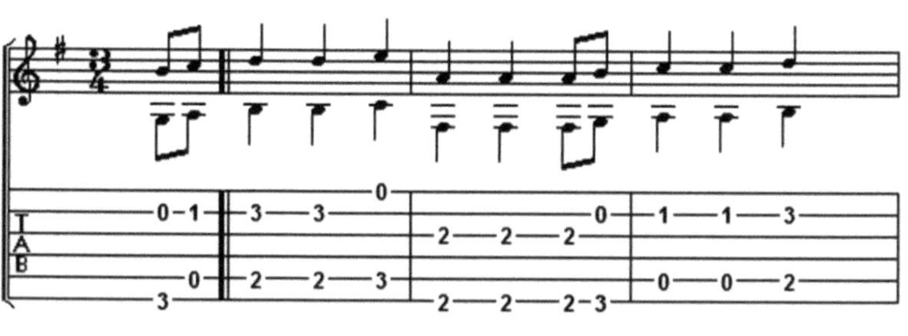

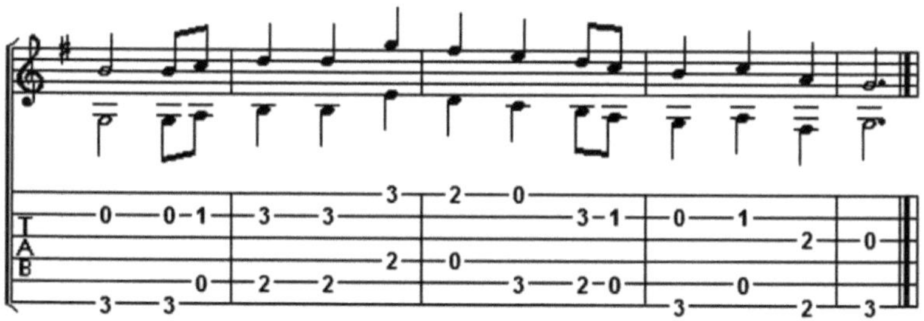

Denn zum einen eignet es sich gut zum Vertiefen des eben Kennengelernten, zum anderen zeigt die Erfahrung, dass es gerade in der Weihnachtszeit kaum vermeidlich ist, auch über die eigenen geschmacklichen Vorlieben hinaus, saisonal prädestiniertes Liedgut darzubieten und da ist es doch schön, wenn das Repertoire etwas einfach zu spielendes und dennoch gut klingendes vorhält ☺.

Und zur Vollständigkeit, da wir ja in einer anderen Tonart sind, hier nochmal die Dezimen in G-Dur:

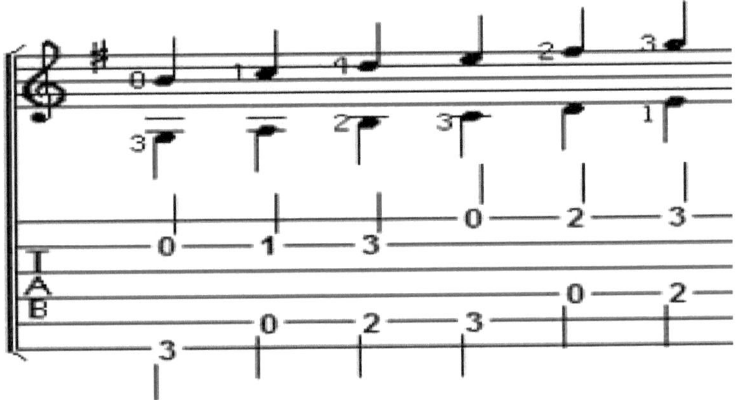

Kapitel 10: Der Kapo ... Doch, doch, da kann man was falsch machen

Was issen das da? – Ein Kapodaster

Wollen wir dieses Kapitel doch gleich mal mit einem Schenkelklopfer-Wortspiel beginnen (*Harharhar*). Wenn dann aber das Hämatom wieder zu einer normalen Farbe zurückgekehrt ist, können wir uns auch wieder vermeintlich ernsthaften Themen zuwenden.

Ein Kapodaster (kurz Kapo) ist, wie die meisten der Leser wissen werden, ein Art Klemme, die die Saiten in einem bestimmten Bund niederdrückt. Der Zweck des Ganzen liegt darin, die Gitarre seiner Gesangsstimme anzupassen (Gitarre zu tief? Stimme zu hoch? Kapo drauf! Passt!) oder um der Gitarre etwas andere klangliche Register zu entlocken. So ist beispielsweise das zur Ikone gewordene Intro von George Harrisons *Here comes the sun* mit Kapo im 7. Bund gespielt.

Ich persönlich spiele gern mit Kapo im 4. Bund, denn die Gitarre klingt da besonders spritzig und die Töne perlen so schön ineinander. Mit dem Kapo im 3. Bund klingt die Gitarre wie eine Laute ... und so weiter und so fort.

Kapos gibt es in unterschiedlichsten Formen und sie basieren auf unterschiedlichsten mechanischen Prinzipien. Die eierlegende Wollmilchsau gibt es da nicht. Je nach Gitarrenmodell und der Spielsituation ist es empfehlenswert, verschiedene Kapodaster am Start zu haben.

Bitte beachten:
Der Kapo darf beim Spielen nicht behindern. Mein Testgriff dafür ist das herkömmliche H7.

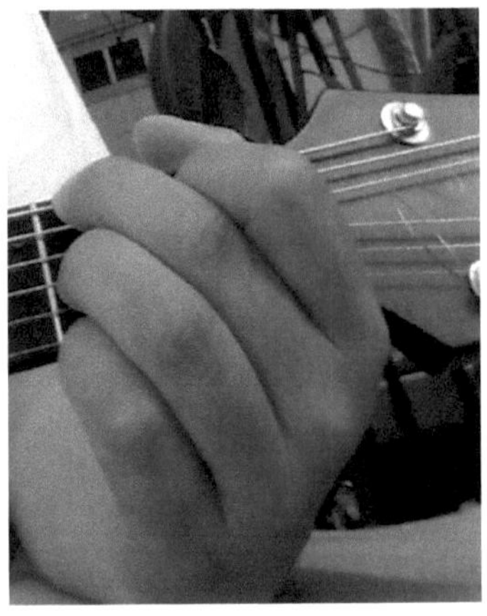

Kannst du ihn greifen, ohne dich um irgendwelche Ecken und Kanten herummanövrieren zu müssen, geht das Gerät in Ordnung. Eingeschränkte Bewegungsfreiheit ist beim Musizieren niemals förderlich (is klar!!!).

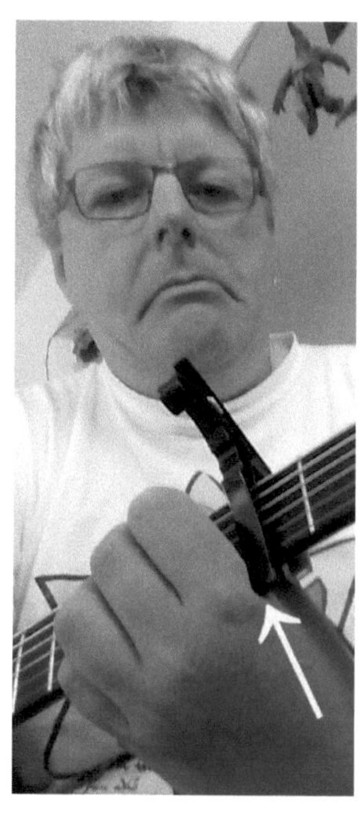
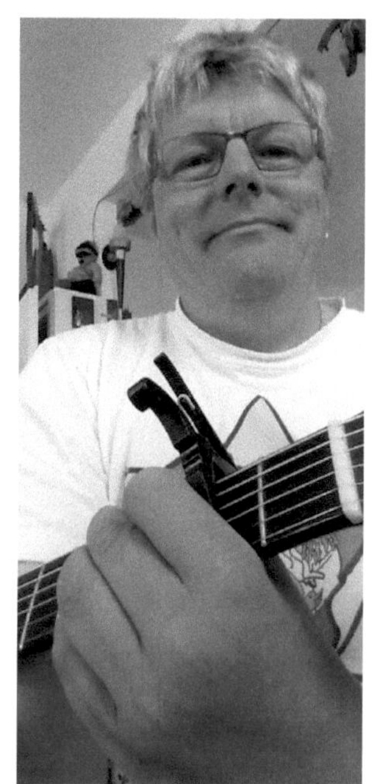

Viele meiner Kapos habe ich aus genannten Gründen ein Stück kürzer gesägt.
Für das Stringbending kann man interessanterweise gerade die modernen Hightec-Kapos vergessen. Die Saiten müssen mit viel Kraft auf den Bund gedrückt werden, sonst rutschen sie beim Binden aus ihrer Position und nicht wieder zurück. Die Gitarre verstimmt, der Abstand der Saiten zueinander passt nicht mehr.
Um es mit einfachen Worten in dem von mir so sehr geliebten Ruhrgebietsjargon auszudrücken: Das Lied ist im Arsch!

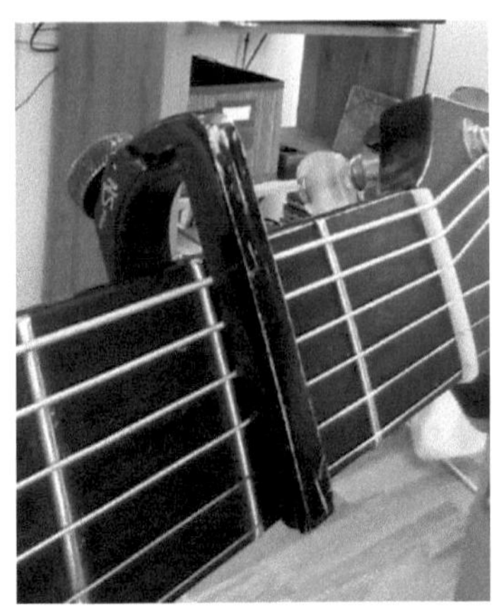

Schraub-Kapo mit abgesägter Spitze, bündig mit der Unterseite des Halses aufgesetzt. So ist richtig ☺.

Kapos, die mit Gummi- oder Federzug arbeiten (Ich bin versucht, hier Firmennamen zu nennen, aber das möchte ich vermeiden. Schaut bitte auf die Fotos) funktionieren hierbei meist schlecht oder gar nicht. Zu empfehlen sind in diesem Fall Kapos, die geschraubt oder mit einer Art Hebelmechanismus gespannt werden.

Wie gesagt:
Hier geht es NUR um Anwendungen, bei denen Saiten gezogen werden. Ist dies nicht der Fall, sind andere Kapos besser geeignet.

Der Kapo sollte die Gitarre nicht verstimmen. Er sollte möglichst nah am Bundstäbchen selbst angesetzt werden und die Saiten nur mit minimalst erforderlicher Kraft herunterdrücken. Sitzt der Kapo zu sehr vom Bundstab entfernt, besteht die Gefahr der Verstimmung und des Schnarrens. Gut bei dieser Verwendung ist, dass nicht nach jedem Positionswechsel des Kapos die Gitarre neu gestimmt werden muss. Wann immer es möglich ist, verwende ich diese Methode. Einige Kapos (auch von Marken-Firmen) verschieben die Saiten zur Seite, sobald Druck aufgebaut wird und das war´s dann mit der sauberen Stimmung ... Gut, muss man ja nicht kaufen, so ein Ding.

Auch wichtig: Verlasst euch niemals darauf, dass die Gitarre nach Aufsetzen des Kapos noch sauber gestimmt ist. Unbedingt immer überprüfen und nachstimmen. Die Ohren des Publikums werden es danken

Soll die Kapoposition schnell gewechselt werden? Vielleicht sogar innerhalb eines Stückes? Dann empfiehlt sich ein Kapodaster, der mit einer Hand zu bedienen ist. Dieser Bewegungsablauf ist nicht zu unterschätzen. Rechnet besser damit, dass er ein paarmal trainiert werden muss, bevor er flüssig von der Hand geht.
Es gibt inzwischen eine ganze Reihe Spezialkapos für spezielle Anwendungen.

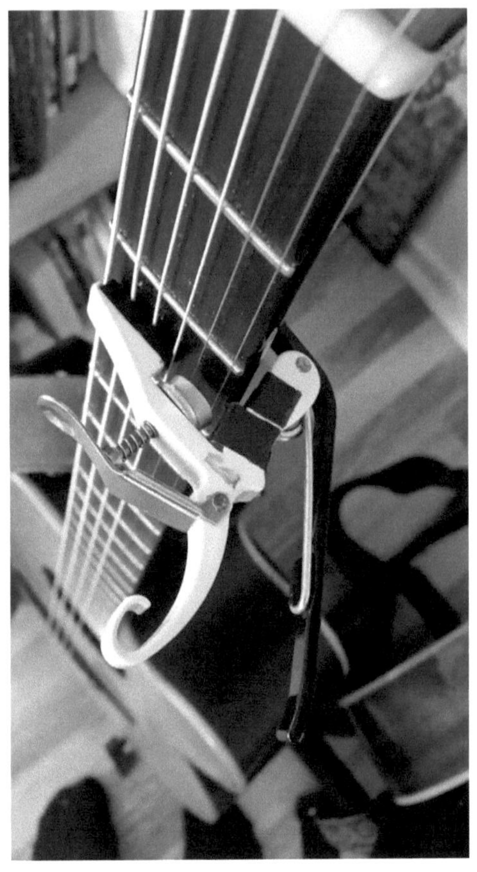

Die Abbildung zeigt einen Partial-Kapo der nur 3 Saiten herunter drückt. Der Hebel ermöglicht, 2 weitere Saiten herunterdrücken und festhalten. Ein sehr interessantes Konzept, mit dem sich ungewöhnliche klangliche Ergebnisse erzielen lassen.

Kapitel 11: Does Humor belong in Music?

Ganzton-Skala à la Zappa

Auch für Ukulele anwendbar.

Zappa-Sound einmal ganz einfach.
Eines der markentesten Stilmittel von Frank Zappa war die Verwendung der Ganztonskala in seinen Soli und Kompositionen. Als Anspieltipp sei hier nur beispielhaft das Stück *Let´s move to Cleveland* von der für dies Kapitel namensgebenden CD *Does Humor belong in Music?* erwähnt.

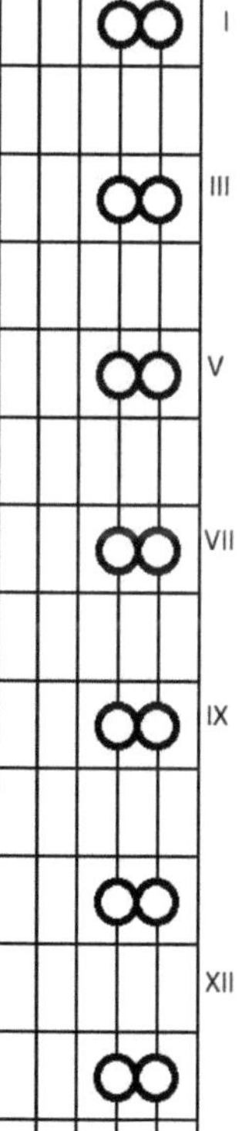

Ganztonskala in C

An eine ungewöhnliche Tonfolge wie diese, die aus nur 6 verschiedenen Tönen besteht, gewöhnt sich das Ohr nur sehr schwer. Deshalb wollen wir es uns nun grifftechnisch so leicht wie möglich machen, diese Skala in den Griff zu bekommen, damit wir schon bei der nächsten Probe oder Session vor den in Ehrfurcht erstarrten Mitmusikern glänzen können.

Wir beschränken uns auf G- und H-Saite:
Wir greifen den Grundton (C) mit dem Zeigefinger auf der H-Saite, das D mit dem Ringfinger.
Auf der G-Saite finden wir in den gleichen Bünden das G# und das A#
Wir rutschen mit dem Zeigefinger in die 3. Lage und finden wieder 4 leitereigene Töne auf den beiden Saiten. A#, C, D, E jeweils im 3. und 5. Bund.

Noch ein Lagenwechsel zum 5. (und 7.) Bund ergibt C, D, E, F#

Das ganze aufs komplette Griffbrett verteilt, sieht so aus (siehe Grafik):

Die simple Formel:

- wir verwenden G- und H-Saite und greifen ausschließlich mit dem Zeigefinger und dem Ringfinger.
- Für die Bewegung entlang des Halses gilt:
  ↑. Aufwärts, der Zeigefinger rutscht an die Stelle, wo vorher der Ringfinger saß.
  ↓. Abwärts: der Ringfinger rutscht dahin, wo vorher der Zeigefinger saß.

Diese simple Technik angewendet bringt augenblicklich ein Zappa-Flair in eure Soli.

Versucht ruhig einmal, eure Skalen längs der Saiten aufzubauen. Es muss nicht immer in einer Lage Quer zum Griffbrett sein.
So ist es doch viel einfacher ☺.

Ansonsten bleibt hier nur zu sagen:
Lieber Gitarrero ...
Hab Mut zu krummen Tönen. Bei Zappa klingen sie wirklich lustig, was auch die Frage in der Überschrift abschließend beantwortet. Wenn die Alternative heißt, sich langatmig durch die Blues-Pentatonik zu quälen, wird es das Publikum zu schätzen wissen, wenn es mal ein wenig kantig wird.

Kleine Info noch zum Schluss:
Ich weiß nicht, ob du es gemerkt hast, aber es gibt im Grunde nur 2 verschiedene Ganztonskalen. Eine enthält die Töne C-D-E-F#-G#-A# und die andere die Töne Db-Eb-F-G-A-H

Beispiel:

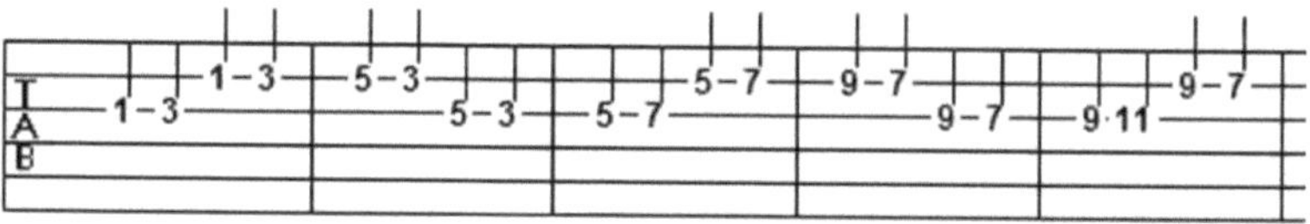

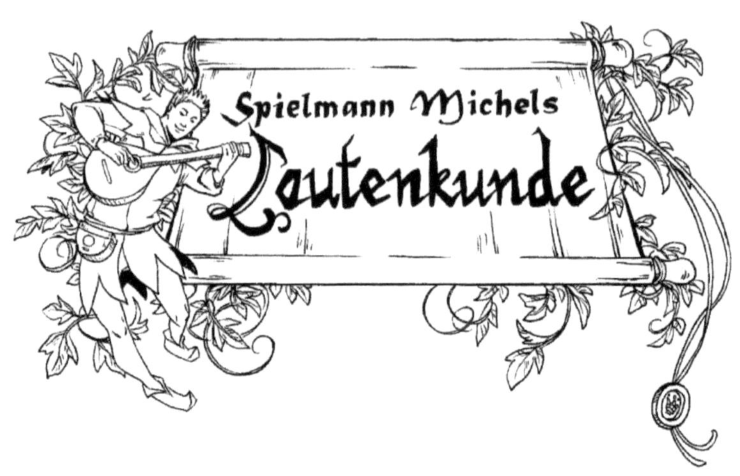

Kapitel 12: Von Obertönen, Kirchentonarten und Jazz.

Der Spielmann wurde des Öfteren angefragt, wie es denn im Allgemeinen mit der Musik des Mittelalters sich verhält. Nun, dazu gibt es Etliches zu sagen, haben doch der schlauen Leute etliche sogar promovieret über besagtes Thema. So will also nur kurz ich einen Überblick verschaffen, der natürlich niemals Anspruch auf Vollständigkeit zu erheben vermag, der allerdings (wie verwunderlich) selbst in der heutigen Jazz-Musik noch Verwendung findet.

Erwähnet sei hier zunächst allerdings Pythagoras ... Ja, genau der mit den Dreiecken.

Jenem Pythagoras also verdanken wir auch eine der ersten theoretischen Abhandlungen zur Musik, denn er erkannte, dass eine Saite, so sie in ihrer Länge wird halbieret eine Oktav höher als ursprünglich klinget. Bei 1 Drittel erhält man eine Quint, bei 1 Viertel wieder eine Oktave, bei 1 fünftel eine Terz ... Verfolget man dieses weiter, erhält man das, was noch in heutigen Tagen bekannt ist als die Obertonreihe. (Saitenzupfer kennen dies auch als *Flageolett-Töne.* Berührt man die Saite leicht und ohne Druck im 12. Bunde, ist die Saite genau an der Hälfte abgegriffen und es erklinget die Oktave. Im 7. Bund (1/3) die Quint. Zwischen 5. und 2. Bund seien die übrigen Obertöne gefunden. Diese Flageolett-Töne können auch auf musikalische Weise genutzet werden[7].

Darauf aufbauend entstanden Tonleitern. Zu jener Zeit entstanden auch Tonleitern, auf die im Zusammenhang mit der Musik des Mittelalters im Folgenden eingegangen soll sein (bitte zu Ende lesen, auch wenn es der Informationen viele sind!) ... (schäbig grins):

[7] Als Beispiel soll dienen die wunderbare und recht altertümliche angelegte compositio *Horizons* von Steve Hackett, zu finden auf dem Tonträger genannt *Foxtrott* von einer Gruppe von Spielleuten genannt *Genesis*.

Die altgriechischen Tonleitern – genannt dorisch, phrygisch und lydisch, wurden im Mittelalter um jonisch, mixolydisch und aeolisch erweitert. Man erhielt sechs sogenannte authentische Tonarten. Jeweils zugeordnet wurden die sogenannten Finalis (F) als Grund- oder Schlusston und der Repercussa(R), ein häufig wiederkehrender Ton, als eine Art alternatives tonales Zentrum.

Besagte authentische Tonleitern bestanden aus je zwei Vierergruppen (Tetrachorde genannt) und unterschieden sich durch ihre Halb- und Ganztonpositionen, sowie den zugehörigen Finali und Repercussi. Hinzu kamen sechs weitere sogenannte plagale Tonarten, erkennbar an der Vorsilbe *hypo* und beginnend jeweils eine Quart unterhalb des Finalis´ der analogen authentischen Tonleiter.

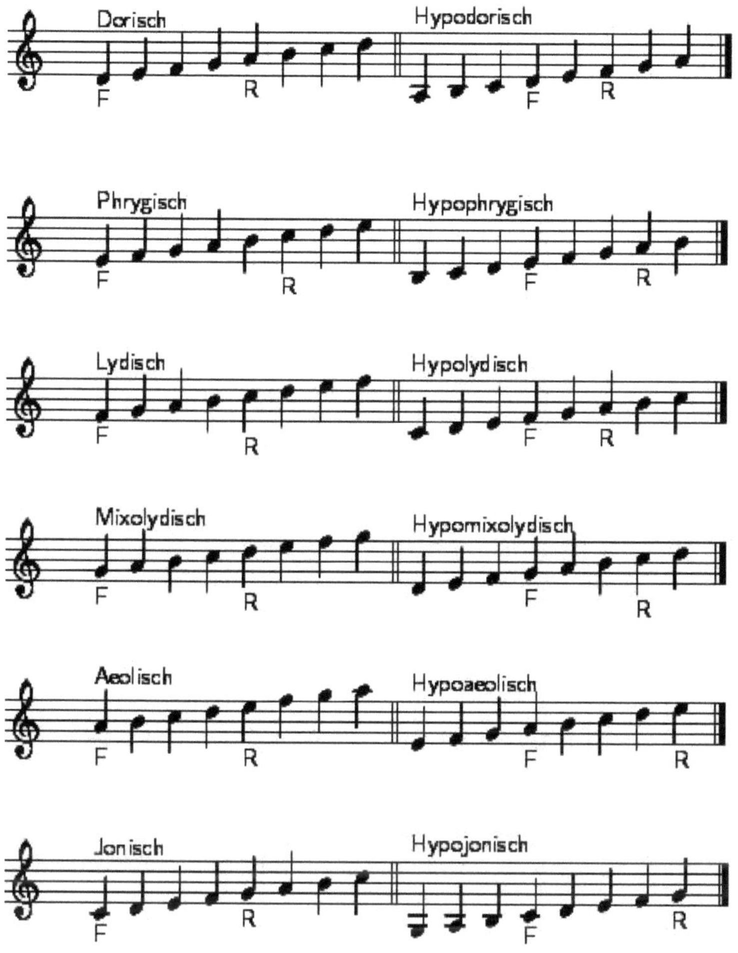

Sicher ist Euch aufgefallen, dass zum Beispiel die jonische Tonleiter, die identisch ist mit unserem normalen C-Dur – also den weißen Tasten des Klaviers – in seinem plagalen Gegenstück hypojonisch, beginnend mit dem G eine Quart tiefer, identisch ist mit dem Tonmaterial der mixolydischen Tonleiter.

Ebenso ist dorisch das Gleiche wie hypomixolydisch, phrygisch identisch mit hypoaeolisch, hypodorisch mit aeolisch. Hypophrygisch entspricht der lokrischen Tonart, die allerdings in dieser Zeit weder theoretisch erwähnt noch praktisch angewendet wurde, was vermutlich dem Umstand zu verdanken ist, dass diese Tonart einfach scheiße klingt[8]. Jonisch entspräche wiederum hypolydisch und so weiter. Zusätzlich galt es Finalis und Repercussa richtig zu verwenden.

Das heute gebräuchliche harmonische System wurde erst später und gegen erheblichen Widerstand der Kompositeure, entwickelt, denn Dur und moll war ihnen zu kompliziert.

In der heutigen Mittelaltermusik (welch abstruses Oxymoron[9]) wird häufig die dorische Tonart verwendet, denn dies entspricht auch der Stimmung der Dudelsäcke, die wir immer wieder (mit unterschiedlichem musikalischen Erbauungsgrade[10]) auf Märkten dürfen anhören.

---

[8] Heutzutage findet die lokrische Tonart eine Heimat im Jazz, wenn es darum geht, überhalbverminderte (m7b5) Akkorde zu improvisieren. Dazu später mehr.

[9] Oxymoron. Absurde Formulierung aus gegensätzlichen Begriffen. So wie *alter Knabe, weniger ist mehr* oder (sehr schön ☺) *Schlagermusik.*

[10] Ich komme leider nicht umhin, festzustellen, dass gerade eine mittelalterliche Marktpfeife in wenig geübten Händen dringlichste geahndet sollte. Amnesty International ist soweit ich weiß schon dabei, eine entsprechende Resolution zu formulieren)

Wie nähert man sich nun an, dem Klange der oben genannten Tonleitern? (auch Modi oder Kirchentonarten genannt)

Durch Ausprobieren natürlich. Gehen wir einmal aus von einem A als Grundton (Finalis), denn einerseits dröhnet so der Dudelsack und andererseits haben wir eine A-Saite auf der Lauten, die wir zupfen können zusätzlich zum Spiel der Melodie.
In den folgenden Anmerkungen finden sich auch nützliche Bezüge zur Musik späterer Jahrhunderte. Diese sich anzuhören macht vertraut mit den Kirchentonarten, auch wenn sie nicht mehr mittelalterlich klingen:

1. Die jonische (ionische) Tonart
Beispiele: Kinderlieder, Schlager, einfache Folk-Songs (Blowing in the Wind, Ring of fire)

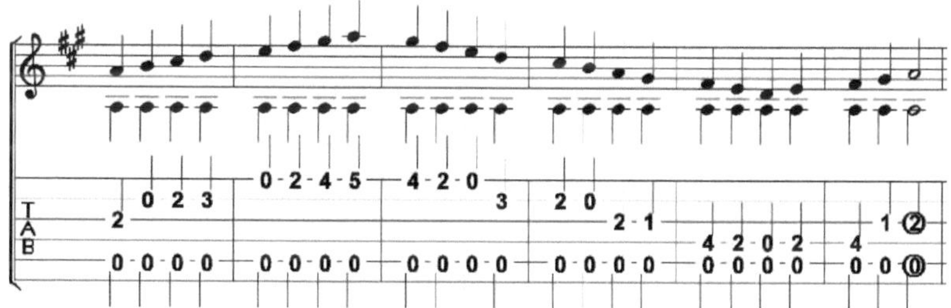

2. Die dorische Tonart:
Beispiele: Mittelalter-Melodien (Traubentritt, Palästina-Lied) Celtic-Folk (She moved through the fair, Matty Groves), fast alles von Santana (Oye como Va, Europa etc.)

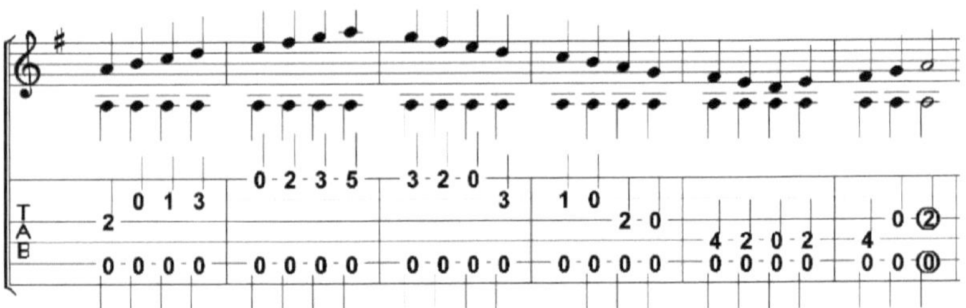

3. Die phrygische Tonart:
Beispiele: Spanische Musik, Flamenco, Orientalische Musik

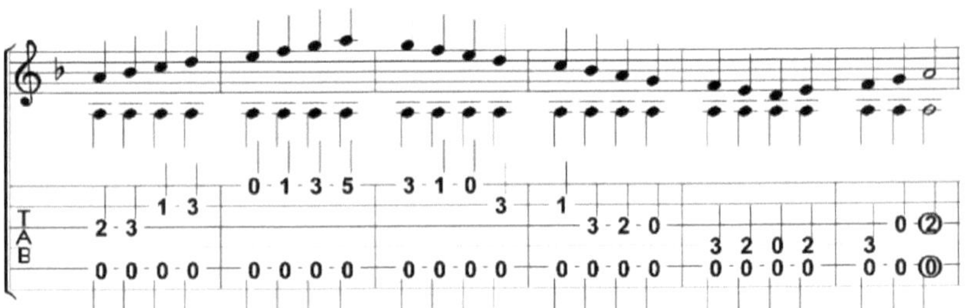

4. Die lydische Tonart:
   Beispiele: indische Musik, Frank Zappa

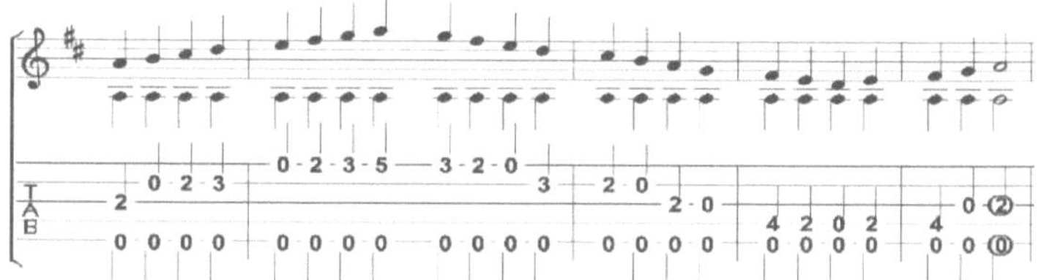

5. Die mixolydische Tonart:
   Beispiele: Blues, Rock (Grateful Dead), Country

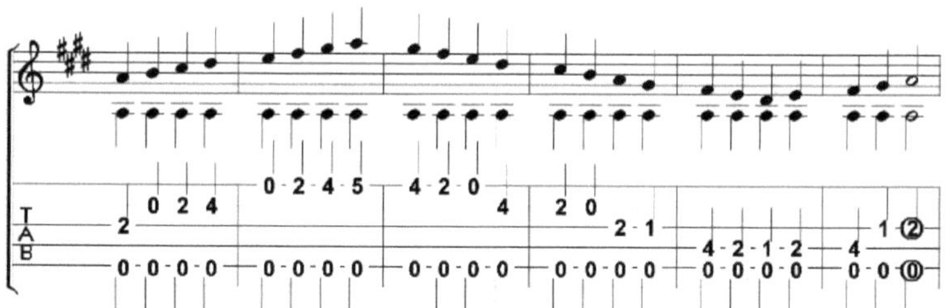

6. Die aeolische Tonart:
   Beispiele: traurige Balladen, Weihnachtslieder (Maria durch ein Dornwald ging), Moll-Blues (Peter Green), Es führt über den Main.

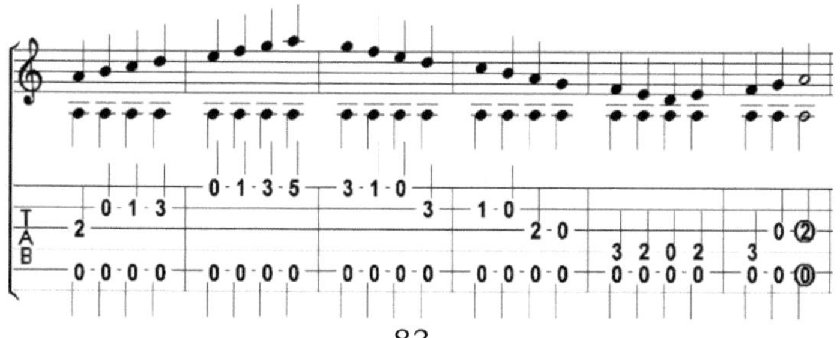

Es sei nun natürlich erwähnet, dass die fehlerfreie Kenntnis des Beschriebenen einen Wert nur dann in sich trägt, wenn sie ist verwendet, Musik zu spielen und nicht zur akademischen Zur-Schau-Stellung angelernten Wissens. Nimm die Übungen als Inspiration, probiere, komponiere, verändere, wende sie an auf dein Repertoire und mache Musik. Nicht das Wissen, sondern das Spielen ist die Kunst des geneigten Spielmannes. So mache denn deiner Zunft Ehre und spiele, was das Zeug hält. Zur eigenen Freude und der des zuhörenden Volkes.

Aaaber was bedeutet dies nun für den Jazz?

Bleiben wir zur Verdeutlichung bei C-Dur. Dies hilft, sich dieser Sache auch auf dem Klavier anzunehmen, was ich als höchst sinnvoll erachte, denn für das Studium der Harmonielehre ist das Klavier sicherlich besser geeignet als ein Saiteninstrument.

Anhand der dorischen Tonart möchte ich zunächst beispielhaft erklären, worum es bei den Modi, bzw. den Kirchentonarten geht.

Exkurs: Was heißt denn eigentlich *dorische* Tonart?

Wer sich häufig auf Mittelaltermärkten aufhält, hat sicher schon eine ganze Reihe von Dudelsack-Bands geh-hört ... also gemeint sind Truppen, die nur aus Dudelsackpfeifern und Trommlern bestehen. Diese Säcke sind in *dorischer Stimmung* (siehe Übungsbeispiel oben).

Gerne möchte ich deine Aufmerksamkeit auf die Abb. 1 lenken. Um es nicht zu kompliziert zu machen, werden zur Erklärung nur die weißen Tasten des Klaviers herangezogen. Das Ganze nennt sich C-Dur und da finden wir auch die Tonleiter, die wir mit unterschiedlichem Interesse in der Schule gelernt haben: CDEFGAHC ... (Tut mir leid, ich halte keinen der Leser für bekloppt, aber es soll ja genau und trotzdem simpel erklärt werden.)
So eine Tonleiter hat 8 Töne ... Aber wer in aller Welt hat denn festgelegt, dass wir ausgerechnet vorne beim C anfangen sollen zu zählen? Klare Antwort: Niemand ☺.

In der Skizze unten stehen in Abb. 1 römische Zahlen unter den Tasten. Sie bezeichnen die sogenannten Stufen. Erste Taste = erste Stufe, zweite Taste = zweite Stufe etc.

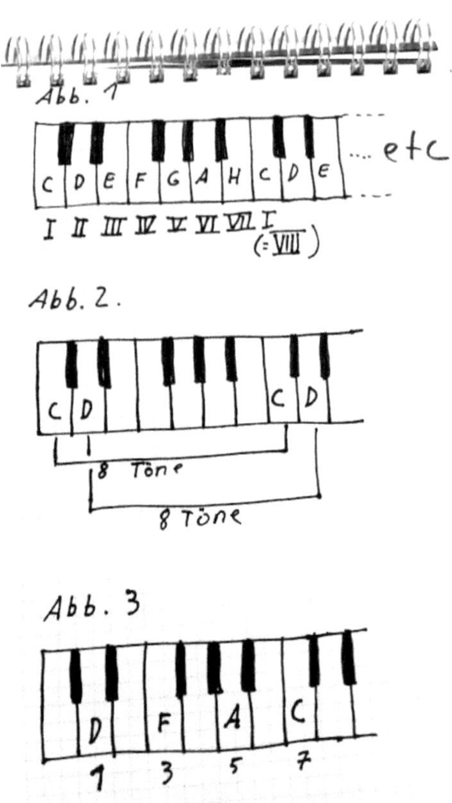

Jetzt mal bitte auf Abb. 2 der Skizze schauen: Von C bis C haben wir die Tonleiter der ersten Stufe. Jetzt fangen wir einfach mal etwas weiter rechts an zu zählen: Auf der Tonleiter der 2. Stufe (beginnend mit D) und wir kommen auf die 8 Töne DEFGAHCD. So ... und jetzt ratet mal alle, wie diese Tonleiter heißt: Jawoll ... D-Dorisch heißt das Ding.

Dorische Tonart bedeutet also nix anderes, als dass wir einfach nur ein Stück weiter rechts anfangen, die Töne zu zählen ☺. Das Ganze ist sehr verwandt mit *moll,* also muss man nicht gleich die Klugscheißerkeule schwingen, wenn jemand sagt, „Mein Dudelsack ist in a-moll“. Kann man durchgehen lassen.

Jetzt könnten findige Leser natürlich auf die Idee kommen, man könnte doch auch von E bis E zählen oder von F bis F. Stimmt. Das nennt man- wie oben bereits angedeutet, Stufenharmonik oder Modi oder Kirchentonarten. Du siehst, wenn du des Zählens mächtig bist, ist das alles nicht sooo schwierig.

Im Jazz ist die besagte Stufenharmonik elementares Grundwissen, um überhaupt eine Chance zu haben, dem Instrument was Gehaltvolles zu entlocken. Zu den Tonleitern gibt es da noch passende Gitarrengriffe oder Akkorde (Abb. 3 kurze Wiederholung: ein Standard-Akkord (im Jazz) besteht aus Grundton (1), Terz (3), Quinte (5) und Septime (7).)

Wenn wir jetzt die Stufen durchgehen, wird die Sache rund:

1. Stufe C = C ionisch, passt zu Cmaj7
2. Stufe D = D dorisch, passt zu dm7
   (Abb. 3 der Skizze)
3. Stufe E = E phrygisch, passt zu em7

4. Stufe F = F lydisch, passt zu Fmaj7
5. Stufe G = G mixolydisch, passt zu G7
6. Stufe A = A aeolisch, passt zu am7
7. Stufe H = H lokrisch, passt zu hm7b5

Dieses Prinzip lässt sich genau so auf jede Tonart übertragen. In G-Dur zum Beispiel wäre der Akkord der ersten Stufe Gmaj7, der 2. Stufe am7, der 3. Stufe hm7 etc.

Puuh ... jetzt ist dieses Kapitel doch etwas länger geworden, der Spielmann erbittet Eure Verzeihung, werter Leser.

Kapitel 13: Nützlich nebenbei. Wie wird der Gitarrero schnell?

In diesem Kapitel werden kurze Übungen vorgestellt, die (im Idealfall) die Spieltechnik in (möglichst) kurzer Zeit verbessern sollten. Und die man auch verwenden kann und nicht nur als technische Fleißarbeit zu verstehen ist. In vorliegendem Beispiel geht es darum, Geschwindigkeit zu entwickeln. Ob mit Plektrum-Wechselschlag, klassischem Wechselschlag mit Zeigefinger oder Mittelfinger oder Daumen-Zeigefinger-Wechselschlag ist natürlich wie immer dem Musikus und dessen Vorlieben überlassen. Sehr gute Anwendungsmöglichkeiten liegen im amerikanischen Folk, Bluegrass und Country & Western (Kennt jemand die genauen Unterschiede? Ich nicht.) Songs wie *Jesse James, Ring of Fire, Country Roads* oder *Folsom Prison Blues* lassen sich mit dieser Technik sehr schön aufpimpen. Und nebenbei wird sich unweigerlich eine grandiose Singlenote-Technik entwickeln.

Hier ist zunächst das Grundmuster, bezogen auf E7:

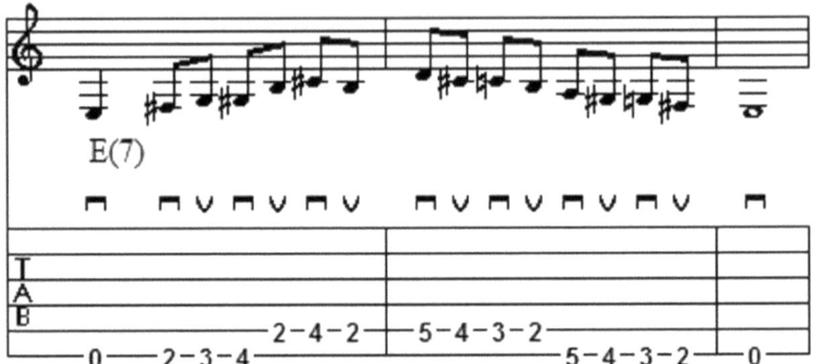

Die Zeichen über der Tabulatur bezeichnen die Schlagrichtung. Die eckige Form zeigt einen *Schlag in Richtung Boden*, das kleine V einen *Schlag in Richtung Zimmerdecke*. Wie immer langsam anfangen[11]) und dann im Laufe der Zeit das Tempo steigern. Unbedingt die Anschlagsrichtung beachten.

Was dabei herauskommt ist, wie gesagt, ein präzises Spiel von einzelnen Noten, die nach kürzester Zeit in atemberaubendem Tempo hintereinander gehängt werden können. (Und hohes Tempo ist und bleibt eines der beeindruckendsten Stilmittel der Musik.)
Das Ganze kann auch auf der A- und der D-Saite so gespielt werden, indem man einfach den Fingersatz auf die anderen Saiten überträgt.

[11] Egal, wie nervig es sein mag: ein Metronom tut gute Dienste.

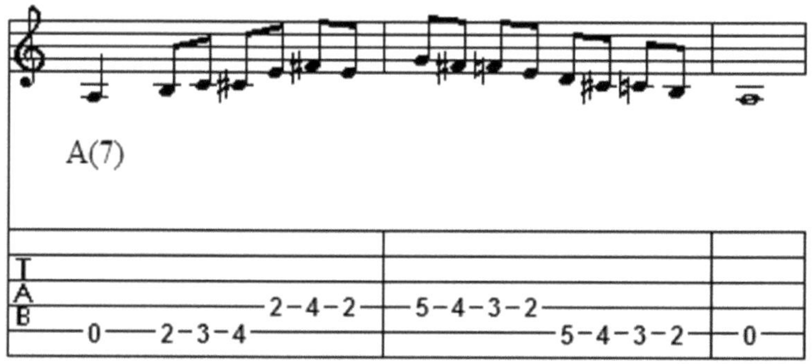

An anderer Stelle in diesem Buch wird hinreichend erläutert, warum es sinnvoll ist, bei Läufen und Fingersätzen möglichst auf leere Saiten zu verzichten (siehe Seite 28). Auf A(7) angewendet würde dies so aussehen.

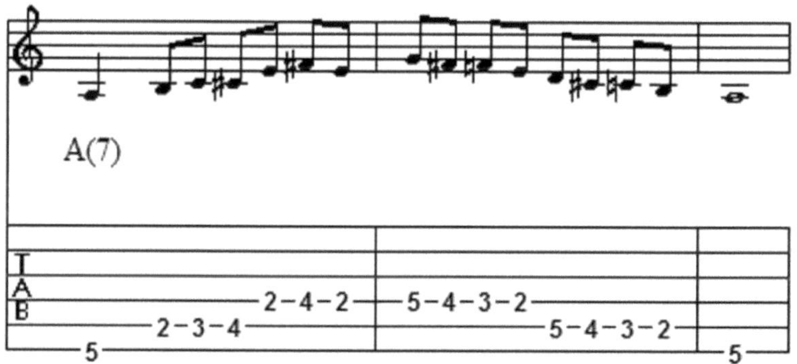

Mit diesem Fingersatz eröffnet sich die Möglichkeit, das Riff in allen Tonarten zu spielen. Zur Vollständigkeit hier noch eine Variation auf G(7), die sich in vielen Spielsituationen als sehr brauchbar erwiesen hat und die auch in C entsprechend verwendet werden kann.

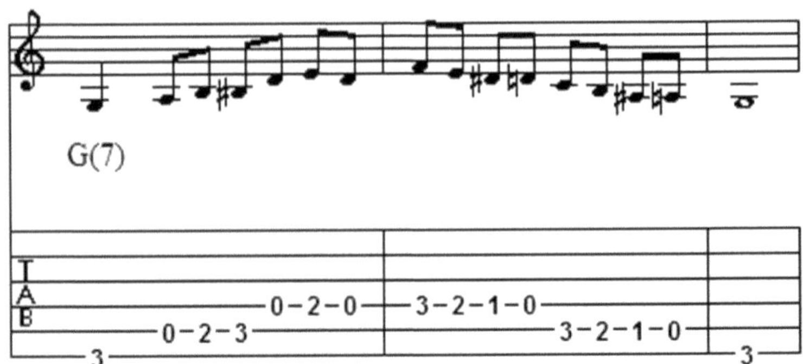

Wichtig in allen Fällen ist es sich den Grundton, also den ersten Ton im Muster, als Basis zu nehmen, und so immer im Kopf zu behalten, in welchem Akkord man sich denn gerade befindet, sonst kann man schnell den Überblick und die Kontrolle verlieren. Die anderen Töne muss man sich nicht merken, denn sie ergeben sich automatisch aus dem Fingersatz.

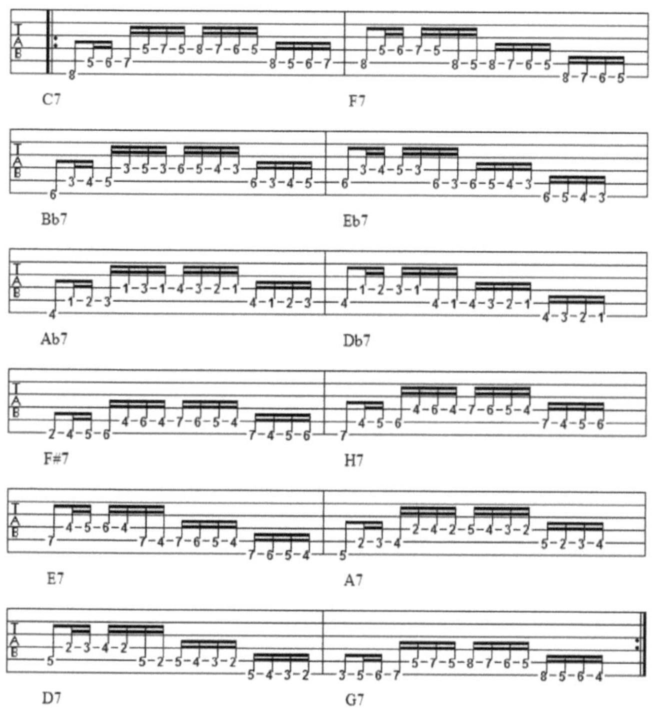

In obenstehendem Beispiel geht es einmal durch alle Tonarten. Einmal linksrum durch den Quintenzirkel sozusagen: Ein gute Aufwärmübung und zugleich ein gutes Training, um Geschwindigkeit zu entwickeln. Steve Morse lässt schön grüßen ☺.[12]

[12] Steve Morse: Gitarrist von den Dixie Dregs, Kansas und seit ca. 20 Jahren Stammmitglied bei Deep Purple. Er ist bekannt für seine einzigartig präzise Singlenote-Technik. Er gilt als herausragender Rock- und Country-Gitarrist.

Shorty Nr. 4 Schrägbarré

Nicht mehr üblich, aber funktioniert. Sehr nützlich für Fingerstyle-Gitarre.

Bei einem Schrägbarré-Griff drückt der Zeigerfinger nicht alle Saiten in einem Bund herunter, sondern wird schräg aufgesetzt, sodass Fingerkuppe und unteres Fingerglied des Zeigefingers 2 Saiten in 2 Bünden herunterdrücken. Als Beispiel für diese nützliche Technik dienen hier zwei Standard-Jazz-Voicings, bei denen die hohe E-Saite üblicherweise abgedämpft wird, doch durch etwas Druck auf besagtes unteres Fingerglied einen zusätzlichen Ton erhält.

Hier ein maj7-Griff:

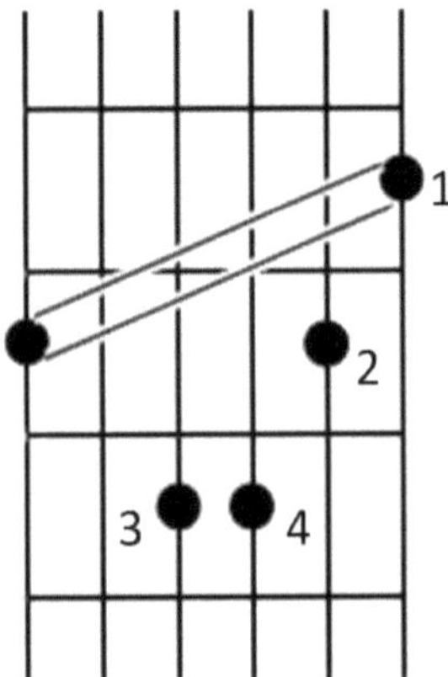

Und hier ein m7b5-Griff:

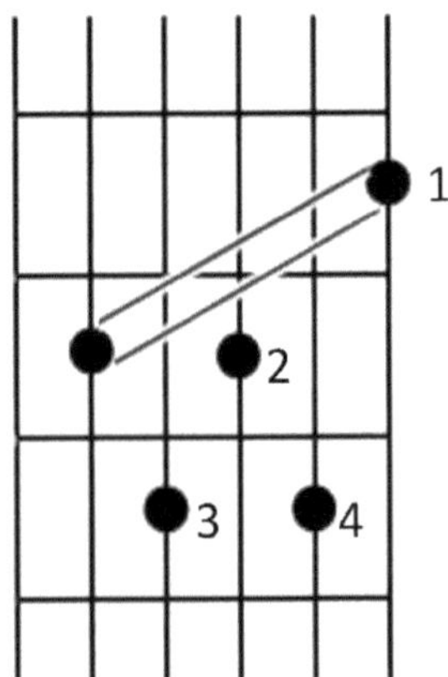

Kapitel 14: Walking Bass Nr. 1
Für Gitarre, aber auch für Bass geeignet

Akkordtypen im Jazz:
Mehr oder weniger in einem Nebensatz eröffnete mir der große Joe Pass in einem Lehrvideo mit einer herrlich einfachen und pragmatischen Sicht eine ganze Welt der Jazz-Musik.

Es gibt nur 3 Akkordtypen im Jazz: Dur (Major 7), moll (moll7) und Dominant (7 mit Dur-Terz).
Die vertrackten und komplizierten Akkordformeln, wie sie oft so abschreckend im Jazz vorkommen, sind *Färbungen* dieser 3 Typen. Schwierige Harmonik ist nicht immer notwendig.

Beispiele:
A7 gehört zum 3. Typus
A7#9#13 gehört zum 3. Typus
Amaj7#11 gehört zum 1. Typus
Am7b5 gehört zum 2. Typus

Das Thema Walking Bass könnte ganze Bibliotheken füllen. Es gibt zwar nur wenige grundlegende Prinzipien, diese können allerdings so variationsreich ausgeführt werden, dass immer wieder Neues zu entdecken ist. Egal, wie lange man schon dabei ist.

Zunächst einmal kommt der geneigte Gitarrist nicht darum herum, ein wenig über Tonleitern und den Aufbau von Akkorden zu wissen. In diesem Kapitel wird allerdings nur wenig harmonisches Grundwissen aufgezeigt. Es sollte dennoch in relativ kurzer Zeit möglich sein, erste Experimente mit dem Walking Bass zu machen.

Abkürzungen für dieses Kapitel:
G = Grundton
3 = Dur (Terz in Dur)
m = moll (Terz in moll)
7 = Dominant 7 oder b7 oder kleine Septime
maj7 = major 7 oder große Septime
c.A. = chromatischer Annäherungston

Anm.: OK ... die Auswahl der Abkürzungen ist etwas hölzern, nicht ganz konsequent und hinkt auch etwas, aber sie erfüllt ihren Zweck.

Wer jetzt denkt, *was geht mich der Bass an, ich spiele Gitarre*, unterschätzt die Möglichkeiten seines Instruments. Es gibt beeindruckende Beispiele von Musikern (Joe Pass, Jody Fisher, Martin Taylor), die auf der Gitarre Walking-Bass-Linien mit Akkorden kombinieren. Darüber hinaus vertieft sich das musikalische Verständnis enorm. Auch einfache Pop-,

Blues-, oder Rock-and-Roll-Songs können mit gezielt eingesetzten Bassläufen aufgewertet werden.
Die erste Methode lautet:
3 Akkordtöne (als erstes der Grundton), ein chromatischer Annäherungston.
Bitte lies zum besseren Verständnis die Bemerkungen zu den Akkord-Typen im Jazz.
Ich setze jetzt einfach einmal voraus, dass du weißt, welche Töne sich auf welchem Bund der tiefen E- und der A-Saite befinden. Falls nicht bekannt: Bitte informieren oder den Lehrer fragen ☺.
Ein Walking Bass besteht aus durchgehenden Vierteln, die den Akkord skizzieren. Sozusagen als Fundament für darüber liegende Melodien. Ein Bass zusammen mit einem beliebigen Soloinstrument (und sei es eine Blockflöte) kann einen fetten, vollen Sound erzeugen. Sofern der Bassmann seinen Job versteht. ☺
Wir haben also pro Takt 4 Töne, um den Akkord anzudeuten. Als erstes kommt der Grundton (ist klar).
Danach spielen wir 2 Akkordtöne. Dazu betrachte bitte die Abbildung, denn wir wollen jetzt nicht 36 verschiedene Akkorde auswendig lernen, sondern ausgehend vom Grundton die Finger der linken Hand *ihren Weg alleine finden lassen* (Anm.: Die Quint ist zunächst bewusst ausgelassen, um einen übersichtlichen Einstieg zu ermöglichen).

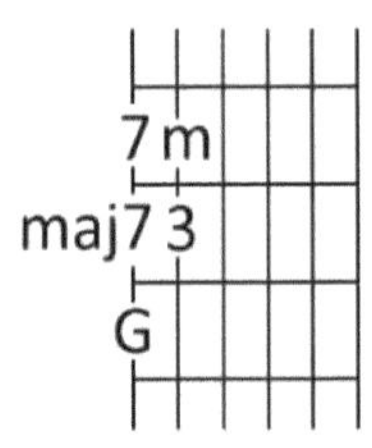

Für einen Major-7-Akkord könnten wir also einen Bund tiefer als der Grundton gehen zur großen Septime[13] und dann auf der Nachbarsaite im gleichen Bund die 3 (also die Dur-Terz) greifen. 3 von 4 Tönen hätten wir also schon. Der Grundton darf auch mal wiederholt werden, wenn es gut klingt und der Basslauf dadurch besser fließt.

Und jetzt kommt das, was den Walking Bass so spannend macht. Wir schauen nicht, *wo wir gerade sind*, sondern, *wo wir hinwollen*. Wenn wir laufen (*Walking*) haben wir ja auch ein Ziel. Wir greifen einen Bund über oder unter (vollkommen egal ... der Geschmack entscheidet) dem nächsten Grundton. Das hört sich komplizierter an, als es ist. Hier folgen jetzt zunächst einmal die Griffschemata für die 3 Akkordtypen:

Dur (Major 7)	Moll	Dominant
maj7 3 G	7 m G	7 m G

[13] Major 7 und Große Septime sind identische Begriffe. Der erste ist englisch und international gebräuchlich, der zweite deutsch.

Beispiel: |Am7 |D7 |Gmaj7|Gmaj7 |

Zur Sicherheit hier die Position der Grundtöne:
A= E-Saite im 5. Bund,
D= A-Saite im 5. Bund,
G= E-Saite im 3. Bund.

Der erste Akkord Am7 (Typ 2) könnte also wie folgt gespielt werden:

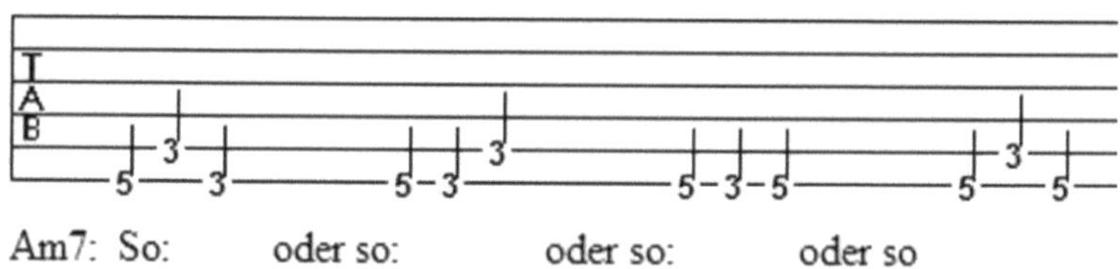

Wir haben den Grundton und 2 Akkordtöne.
Wir wollen jetzt zum D7 (Typ 3)
Der vierte Ton im Takt soll sich *chromatisch (im Halbtonschritt) annähern*. Das D ist im 5. Bund der A-Saite, wir gehen also zum 6. oder zum 4. Bund! Das ist das ganze Geheimnis. ☺

Hier ein Beispiel für die kompletten 4 Takte:

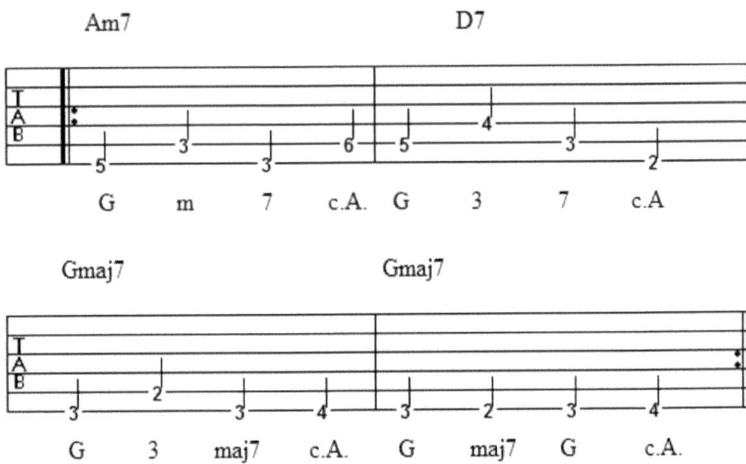

Zum Vertiefen hier noch ein Blues in A (Abb. 72):

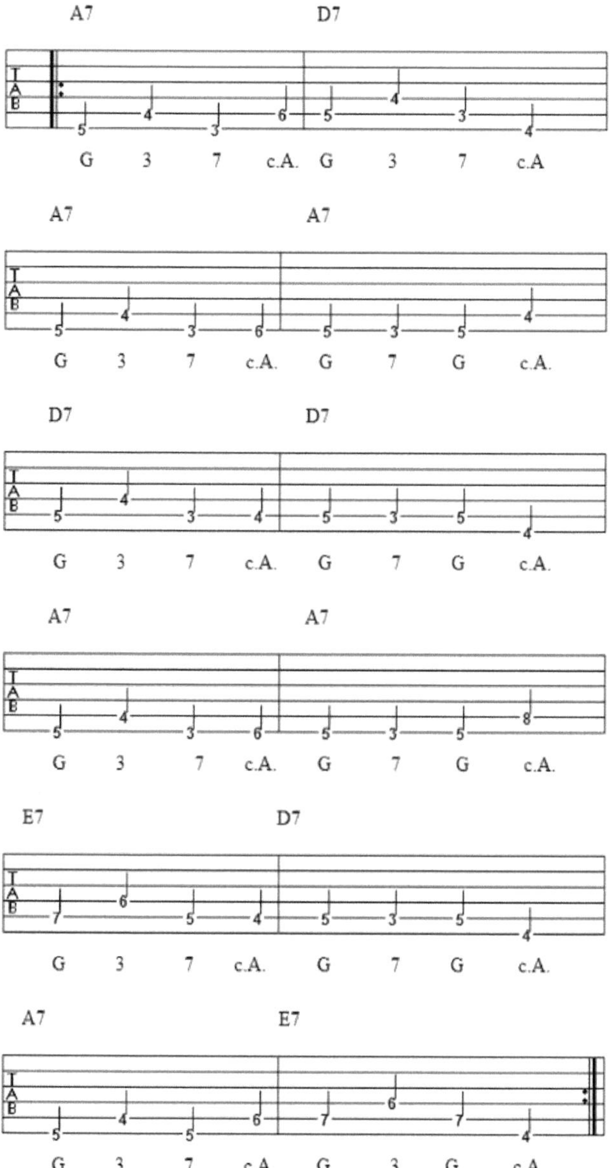

Nur für die Klarheit: Es geht in diesem Kapitel zunächst darum, einen Wegweiser für den Einstig in den Walking Bass zu finden. Daher auch zunächst die Reduktion auf ein recht einförmiges Prinzip. Damit verbunden ist natürlich das Risiko, dass das Ganze auch etwas einförmig klingt. Keine Sorge ... es gibt noch mehr dieser Prinzipien. Wenn dir die Melodiefolgen in den Beispielen unharmonisch erscheinen, erstelle dir ein Playback oder einen Loop[14] mit der Rhythmusgitarre spiele dazu die Basslinien. Dann wird das alles etwas schlüssiger. Darüber hinaus halte ich es immer für gut, mit ungewöhnlichen Klängen umzugehen, denn man gewöhnt sich an schräge Töne.

Allein durch das Austauschen der chromatischen Annäherungstöne von oben oder unten und der Auswahl der Akkordtöne ergibt sich schon jetzt eine ganze Reihe von Möglichkeiten zum Ausprobieren.

---

[14] Ein Looper ist ein Gerät zum Aufnehmen und Abspielen kurzer Melodien und Rhythmen. Es wird wie ein Effektpedal mit den Füßen bedient, also bleiben die Hände frei für das Instrument.

Kapitel 15: Fingerstyle in hohen Lagen

Das Markenzeichen des Fingerpicking ist es ja bekanntermaßen, dass zugleich eine Melodie und die dazugehörige Begleitung (meist als Wechselbass) gespielt werden.
Der Wechselbass wird mit dem Daumen gezupft und dargestellt durch Notenhälse, die nach unten weisen.

Bei einem *normalen* C-Griff steht uns für unsere Melodie ein Tonumfang von G bis g zur Verfügung. Was machen wir, wenn wir höhere Töne spielen wollen? Schon das a im 5. Bund auf der E-Saite ist aus dem Standardgriff heraus kaum zu erreichen.

Um möglichst frei spielen zu können brauchen wir also eine Möglichkeit, in die hohe Lage zu rutschen und dabei die Bass-Akkordbegleitung aufrecht zu erhalten.

Die Verwendung leerer Saiten klappt nicht bei jedem Griff (Wenn ein Akkord kein D enthält, kann man die D-Saite natürlich nicht leer zupfen).

Hier nur kurz ein Beispiel für C-Dur mit leerer G-Saite. Dieser Trick funktioniert gut, aber halt nur bei Akkorden, die ein G-enthalten. (Beispiel in C-Dur)

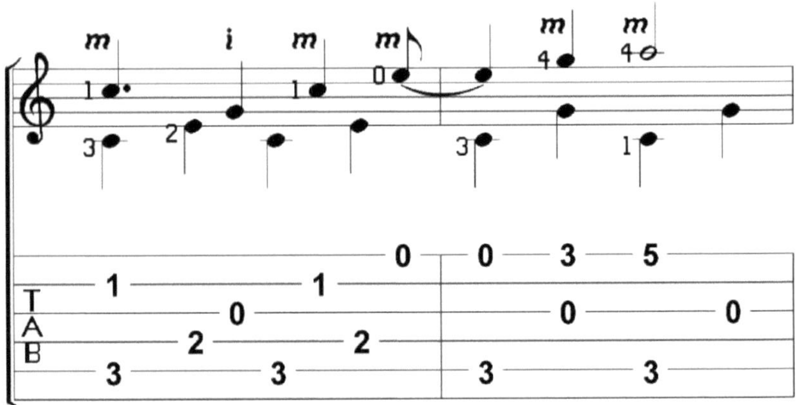

Um dem Gitarristen die Arbeit zu ersparen, sich jedes Mal neu Gedanken machen zu müssen, sind hier drei sehr nützliche Allgemeine Lösungen, die schnell zu erlernen und schnell zu verwenden sind:

1. Der D-Typ: Die A- und D-Saite leer gezupft bieten ein funktionierendes Bass-Fundament für einen D-Akkord. Mit einem Mini-Barre´-Griff über diese beiden Saiten können wir Akkorde in höheren Lagen andeuten:
   Beispiel: Roddy McCorley (trad. Irisch)

In der Melodie kommt ein hohes A über einem F-Akkord vor.

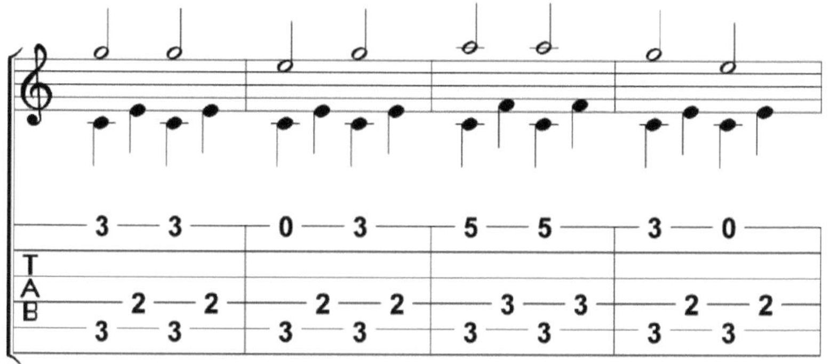

(Takt 3) Der Barre´-Griff über A- und D-Saite im 3. Bund skizziert einen F-Akkord. Alle anderen Finger stehen für das Melodiespiel zur Verfügung.

Dieser Griff ist verschiebbar:

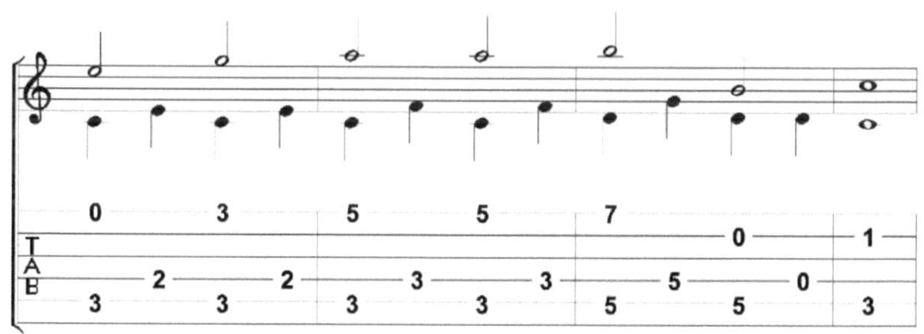

Im 2. Bund haben wir einen E-Akkord, im 5. Bund ein G. Der Grundton befindet sich auf der D-Saite, die Quint auf der A-Saite.

Ob ein Dur- oder Moll-Akkord vorliegt ist den beiden Basstönen nicht zu entnehmen; das ergibt sich durch die Melodietöne oder dem musikalischen Zusammenhang.

2. Der C-Typ
Der C-Griff kann über das Griffbrett verschoben wer-den. Mit dem Ringfinger im 5. Bund haben wir ein D, im 7. Bund ein E etc. Abgebildet ist ein D-Akkord. Das Fis im zweiten Bund erreichen wir durch Überstreckung des Zeigefingers.

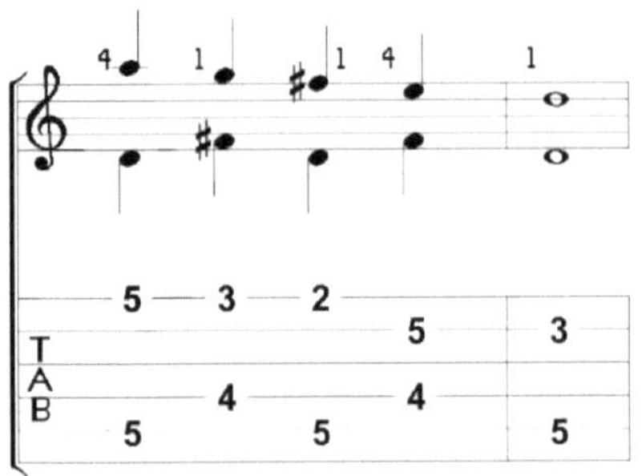

3. Daumen und Ringfinger in Oktaven:

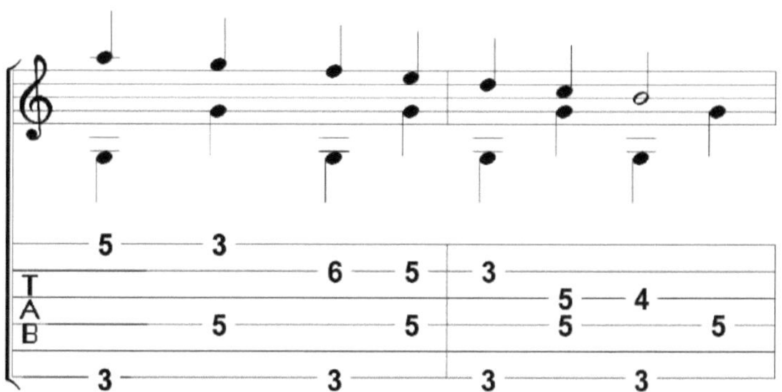

Der Daumen greift den Grundton auf der E-Saite (im Beispiel G im 3. Bund) der Ringfinger greift die entsprechende Oktave auf der D-Saite 2 Bünde höher. Das lässt sich leicht ableiten aus dem altbekannten F-Dur-Griff.
Der Zeigefinger und der kleine Finger stehen für Melodietöne zur Verfügung.

Kapitel 16: Minichords – Jetzt hat man den Gitarristen wieder lieb (auch für Ukulele verwendbar!)

Teil 1: Der Blues

Manchmal ist es nötig, auch harte Wahrheiten ohne Scheu auszusprechen, auch wenn man sich der Nestbeschmutzerei schuldig macht und Gefahr läuft, seinen Sympathiefaktor auf ein Minimum herunter zu schrauben.
Bitte stell dich der schonungslosen Wahrheit: Die Gitarre kann ein entsetzlich nerviges Instrument sein. Wo sich bei der akustischen Gitarre die Klangfülle als durchaus vorteilhaft erwiesen hat (6 Saiten, Akkorde mit einem Umfang von ca. 2 Oktaven) kann dies im Zusammenspiel mit anderen Musikern echt hinderlich sein: ein undurchsichtiges Klanggewaber; Bässe werden nicht dem Bass überlassen, denn die Gitarre spielt auch bei den tiefen Tönen mit; fein gesetzte Akkorde des Klaviers werden niedergeknüppelt von einem fetten Barrè-Griff, der mit gnadenlosem Plektrumanschlag furios über das gesamte vorhandene Saitenpotential schrubbt.

Kein Wunder, dass die Mitmusiker derartige klangliche Ergüsse mit Augenrollen und Mobbing quittieren.

Was ist die Lösung?

Minichords (wie der logisch schlussfolgernde Leser vermutlich dem Titel schon entnehmen konnte):
Was sind die essentiellen Töne eines Akkordes? Der Grundton gehört dazu, das ist unbestritten. Aber den spielt ja schon der Bass. Die Quint brauchen wir (in diesem Fall) nicht, um einen Akkord zu definieren. Für diese Lektion benutzen wir ausschließlich Dominant7-Akkorde.
Also handelt es sich bei den fehlenden Tönen um die große Terz (die Dur-Terz) und die kleine Septime (die kennt man von den gängigen Gitarrengriffen: A7, D7, H7 etc.)

Schauen wir uns einmal einen einfachen 7er-Griff an, der nur aus Grundton, Terz und Septime besteht:
Der Grundton (G) liegt auf der E-Saite, die Septime (7) im gleichen Bund auf der D-Saite, die Terz (3) auf der G-Saite einen Bund höher.[15]

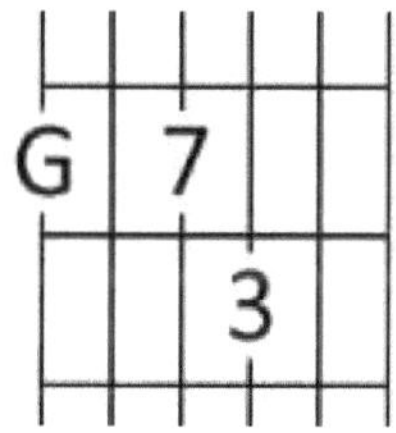

G 7
3

[15] Diese Art Griffe sind auch sehr gut zur Begleitung geeignet. Ich lege dringend ans Herz, die nicht gegriffenen Saiten zu dämpfen oder die entsprechenden Saiten mit den Fingern zupfen.

Beim Grundton auf der A-Saite ergibt sich folgendes Bild:

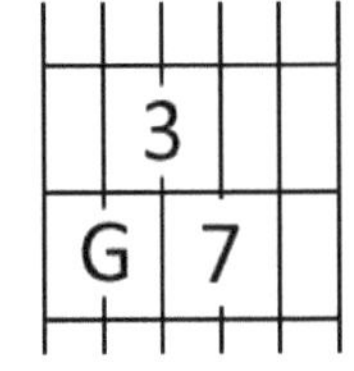

Es gibt eine Gemeinsamkeit bei beiden Griffen: die Terz und die Septime liegen in beiden Fällen auf D- und G-Saite, jeweils mit einem Bund Abstand. (Dass die 3 und die 7 bei den beiden Griffen die *Plätze tauschen*, soll hier keine Rolle spielen.)

Wenn wir jetzt noch den Grundton weglassen (den spielt ja der Bass) bleibt das hier übrig:

Zwei Finger auf zwei Saiten.

Und mit diesem simplen Griff kannst du ein komplettes Bluesschema durchspielen:

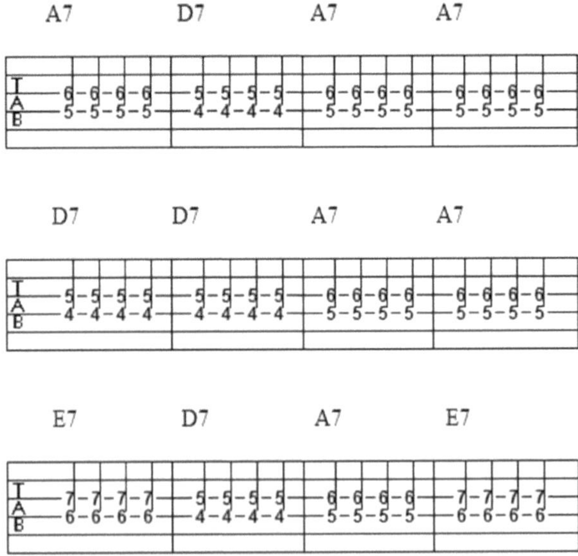

Auch wenn der Grundton nicht mitgegriffen werden soll, ist es wichtig zu wissen, wo er sich befindet, damit der Überblick nicht verloren geht. Ein D7-Minichord sieht genauso aus, wie ein Ab7-Minichord. Denk dir also den Grundton immer dazu, sonst wird es chaotisch.

Hier folgt noch einmal ein erweitertes, jazziges Blues-Schema.

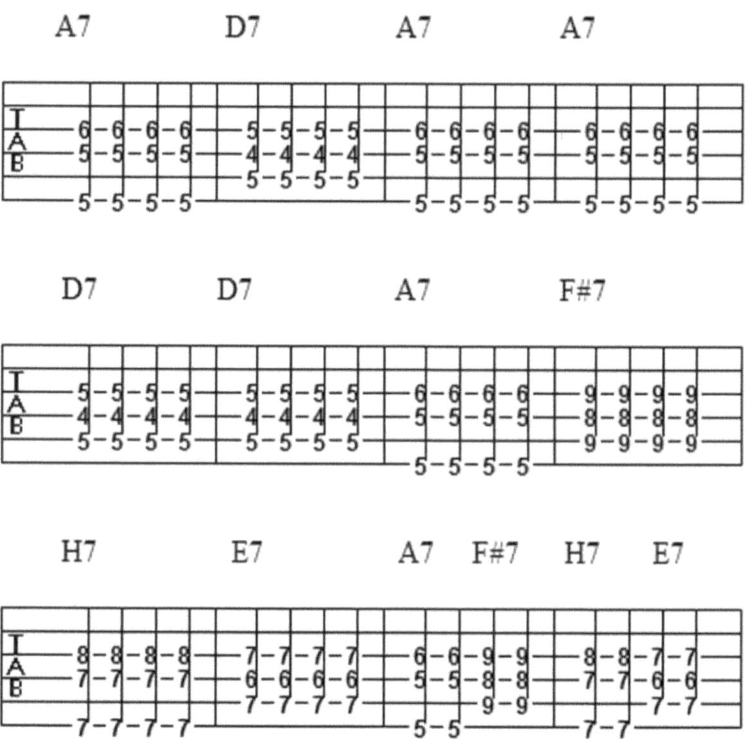

Die Grundtöne auf E- und A-Saite sind mit aufgeführt, damit du dir zunächst ein Bild vom Gesamtklang machen könnt. Danach lass sie einfach weg.

Du wirst merken, dass das Gehör den fehlenden Grundton ersetzt. (sofern selbiger nicht ohnehin von einem Bassmann gespielt wird ☺)

P.S. Für weitere eigene Recherche zu diesem Thema möchte ich es nicht versäumen, an dieser Stelle den Namen Freddie Green[16] ins Spiel bringen, der die Minichords teilweise auf eine Saite herunterreduziert hat und dennoch eine beeindruckende Klangfülle erreicht hat.

Shorty Nr. 5 Quintenzirkel für Gitarristen

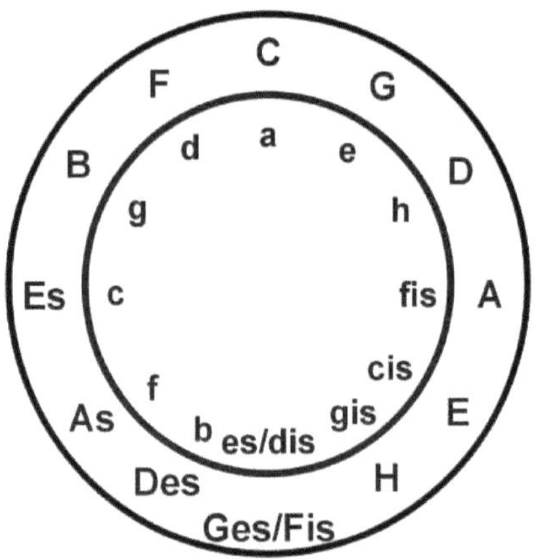

Oje ... Der Quintenzirkel ist im Musikunterricht an Schulen ungefähr genau so beliebt, wie in Mathe die Berechnung der Chancen auf einen Lottosechser

[16] Freddie Green war Rhythmus-Gitarrist in der Big-Band von Count Basie.

mittels des Binominalkoeffizienten. Sehr zu unrecht, möchte ich sagen, denn er ist ein genial übersichtliches Werkzeug zum Verständnis der Harmonielehre. Wenn wir einmmal Tonarten und Kreuzchenzählerei herauslassen (also den eigentlichen Zweck des Quintenzirkels) bleibt ein Schema übrig, das dem Gitarristen sehr nützlich sein kann. (In der Abbildung stehen die Großbuchstaben für Dur, die Kleinbuchstaben für moll.)

1. Wir schauen auf das C. Links davon das F ist die Subdominante, rechts davon das G die Dominante. Wir haben also die Griffe für das Bluesschema in al-len Tonarten sehr schön abgebildet. Tonika in der Mitte, die passenden Griffe links und rechts dane-ben (z.B. G mit C und D; A mit D und E)
2. Die wichtigsten Griffe einer Tonart befinden sich in einem Sechserblock:
   Tonart C: C, F, G, Am, Dm, Em
   Tonart G: G, C, D, Em, Am, Hm
   usw.
3. Umschreiben in eine andere Tonart[17]: Beispiel: E-Dur ist zu hoch, wir möchten das

[17] ersetzt den Kapo ☺

Stück tiefer setzen nach C. Einfach den entsprechenden *Buchstaben* auswählen und dann die E-Griffe gegen die C-Griffe ersetzen.

E wird zu C

A wird zu F

H wird zu G

C#m wird zu Am

F#m wird zu Dm

G#m wird zu Em

4. Kleiner Zusatznutzen: jeweils beieinander stehen der Dur-Akkord und der dazu passende parallele Moll-Akkord. Bei vielen Liedern sind beide gegeneinander austauschbar und können so ein Lied et-was spannender machen. Beispiel: Wir spielen *Blowing in the Wind* in G. Wenn auf die Dauer die Griffe G, C und D zu langweilig sind, kann einmal versucht werden, das C gegen ein Am zu ersetzen oder das A gegen ein F#m. Das kann zu überraschend angenehmen, harmonischen Wendungen führen. Der eigene Geschmack entscheidet wieder mal ☺.

Shorty Nr.6 Tonleiter versus Akkordton:

Tonleitern erfüllen ihren Zweck. Ohne Frage. Doch gerade bei harmonisch komplizierten Gitarrensoli (z.B. im Jazz) stößt man schnell an Grenzen. Entweder müssen Dutzende von Tonleitern in Sekundenbruchteilen abgerufen werden können oder ...?

Einen anderen Zugang zu einem gelungen Solo liefert die Verwendung von Akkordtönen. Beispiel: Wir alle wissen, wie ein normales *E* gegriffen wird. Und wir kennen auch das *G.* Eine gemeinsame Tonleiter, die für beide Akkorde passt, gibt es nicht. Stattdessen greif dir einfach einen der Akkordtöne von *E* heraus – so, wie wir ihn auf dem Griffbrett sehen - und verbinde ihn dann mit einem der Töne von *G*. Wir starten bei einem *E-Ton* und spielen mehrere verbindende Töne, bis wir auf einem *G-Ton* landen.

Welche Töne du zum Verbinden verwendest, entscheidest du selbst. (In diesem Fall können tatsächlich die Tonleitern helfen, du kannst aber auch einfach experimentieren.)

Im Übrigen hat die Erfahrung gezeigt, dass man wirklich nichts falsch machen kann, mit dieser

Spielweise. Jeder noch so schiefe Lauf löst sich im neuen Akkord auf und nach dem Gig darf sich der erfolgreiche Musikus in der Anerkennung des Publikums sonnen, was für interessante Soli er doch gespielt habe.

Und sollten doch einmal Unsicherheiten auftreten *(Was zur Hölle tu ich da eigentlich gerade?)*, einfach souverän ins Publikum grinsen. Das hilft enorm, überzeugend zu wirken ☺.

Diese Herangehensweise ist übrigens nicht ganz so ungewöhnlich, wie du glauben könntest. Virtuosen wie Django Reinhardt oder Mark Knopfler verwenden diese Technik für jeden hörbar sehr effektiv. Als Beispiel soll hier *Sultans of Swing* von den Dire Straits erwähnt werden. Was Knopfler da in den beiden Gitarrensoli und (noch beindruckender) in den Fills während der Strophen abliefert, ist einfach brilliant.

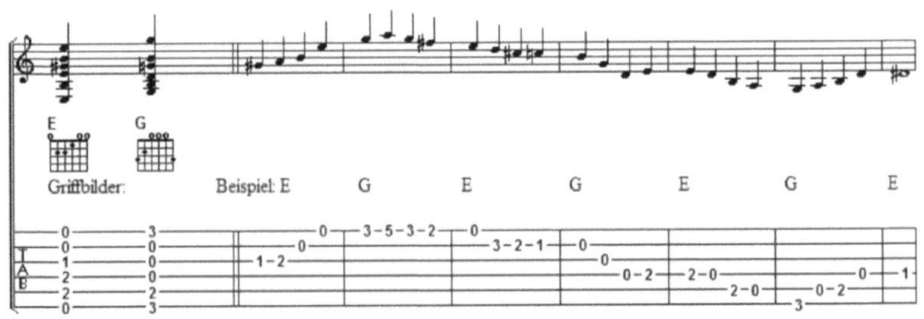

Kapitel 17: Der Neapolitanische Sextakkord

... auch *Neapolitaner* abgekürzt, bringt eine sehr harmonische Wendung, die ihren Reiz ganz besonders darin findet, dass sie nicht alltäglich ist. Sicher auch für Singer und Songwriter interessant, die nicht ausschließlich auf den ausgetretenen Pfaden der musikalischen Normalität wandeln wollen.

Hier zunächst die *einfache* Anwendung für Gitarristen: Eine typische Akkordfolge in harmonisch-moll[18] wäre:

|Am |Dm |E |Am |

Altbekannt, oft verwendet, etwas kitschig und sehr vorhersehbar.
Was für ein Glück, dass es Komponisten wie Bach oder Beethoven gibt, die uns aus dem schier unermesslichen Fundus ihrer Genialität mit kompositorischen Variationen fernab von jeglicher Banalität zu versorgen wissen ☺.

Wie wäre es denn damit?
|Am |Bb |E |Am |

---

[18] Erklärung zu harmonisch-moll in Kapitel *Lautenkunde: Lieblich, Lieblich*.

Der Dm-Akkord, der in a-moll die Funktion der Subdominante hat, wurde ersetzt gegen Bb-Dur. (Dm besteht aus den Tönen D, F, A, im Bb-Dur haben wir (in Umkehrung) D, F, Bb. Es wurde also im Grunde nur ein Ton verändert. Das A wurde um einen halben Ton erhöht.)
Zum Merken für Gitarristen: Statt der Subdominante spielen wir einen Dur-Akkord einen Halbton über der Tonika.

Und genau dieser Ersatzakkord für die Subdominante ist ein *Neapolitaner*, wie man ihn zum Beispiel in den ersten Takten im ersten Satz von Beethovens Mondschein-Sonate (Tonika c#-moll, Neapolitaner D-Dur) finden kann.

Beispiel in E-moll : |Em |F |H |Em |

Beispiel in G-moll: |Gm |Ab |D |Gm |

Bis hierhin ist alles gesagt, was der Gitarrist wissen muss, um das Ganze einmal auszuprobieren. (Um genau zu sein, braucht er eigentlich gar nichts zu wissen, sondern nur diese Anwendungsmöglichkeit checken ☺.)

Hier noch ein paar Hintergrundinfos für Interessierte, die es sich nicht nehmen lassen wollen, bei Gele-

genheit mal mit etwas unnützem Wissen aufzutrumpfen (grins):
Seinen Namen hat der Neapolitaner durch seine häufige Verwendung in der Opernmusik der *Neapolitanischen Schule* des 18. Jahrhunderts erhalten. Im Hochbarock und der Wiener Klassik war er hip und absolut auf der Höhe der Zeit.

Die genaue Definition besagt, dass die Quint der Subdominante um einen halben Ton hochalteriert wird. Im Beispiel wird so aus Dm ein Bb-Dur, allerdings mit der Terz im Bass.
(D ist die Terz eines Bb-Dur Akkordes.)
Hier noch einmal ein typisches klassisches Beispiel, etwas anspruchsvoller und genauer für Gitarre arrangiert:

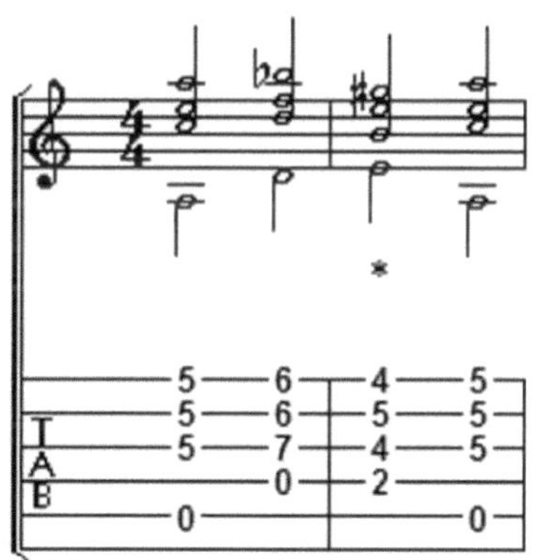

Anstelle des *E* im 2. Bund der D-Saite (*) kann auch die leere tiefe E-Saite gezupft werden. Das klingt nur nicht ganz so gut. (Aber ich muss unumwunden zugeben, dass der besagte Griff in der vorliegenden Form ein echter Fingerverbieger mit hohem Schmerzfaktor ist - und es gibt gute Gründe, ihn zu vermeiden.)

Noch ein Beispiel. Hier ohne leere Saiten, so lässt sich dieser Fingersatz auch auf andere Tonarten übertragen:

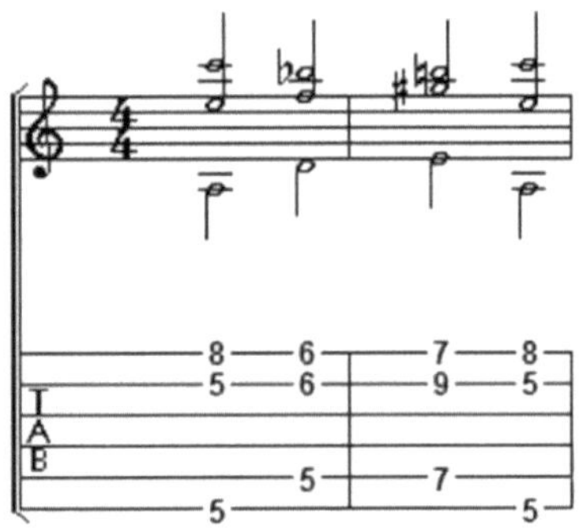

Kapitel 18: Open Tunings 1

Unter einem Open Tuning *(offene Stimmung)* versteht man das Umstimmen der Saiten auf andere Töne, so dass sich beim Anschlagen ohne zu Greifen ein Akkord ergibt.
Dadurch eröffnet sich ein weites Spektrum klanglicher Möglichkeiten.

Die gängigsten offenen Stimmungen sind Open D (Stimmung D A D F# A D), Open G (Stimmung D G D G H D) und Dadgad (Stimmung D A D G A D)[19].
Beispiel Open D: Die dicke E-Saite wird herunter gestimmt auf ein tiefes D, die A-Saite bleibt, die D-Saite auch, die G-Saite wird auf F# heruntergestimmt, die H-Saite auf A, die hohe E-Saite auf D.

In diesem Kapitel wird es *nur* eine kurze Einführung geben, um ein paar Erfahrungen mit diesen Klängen möglich zu machen. Auf die Stimmung DADGAD wird gesondert eingegangen, zu einer der wichtigs-

---

[19] Zeitgenossen, die es ganz genau nehmen, unterscheiden noch zwischen offener (open) und veränderter (alternate) Stimmung, um einen offenen Dur-Akkord (wie beim open D) von einer freien Stimmung ohne Akkordbezeichnung (wie bei DADGAD) zu unterscheiden. Diese Unterscheidung überzeugt mich nicht, denn jede Saitenstimmung kann als Akkord definiert werden. So wäre Dadgad ein *Dsus4* oder die normale Standardstimmung EADGHE wäre ein „Em7add11". Meine Empfehlung: Nimm beide Begriffe einfach als Synonyme. Du kannst deinen Gehirnschmalz auch nützlicher verwenden als mit so einem pingeligen Kleinkram. ☺

ten Anwendungen der offenen Stimmungen, der Slide-Technik, gibt es ebenfalls ein eigenes Kapitel.

- Like a Rolling Stone ☺

50 Jahre Rockgeschichte in 2 Griffen.
Na gut – zugegeben - auf so eine billige Formel lässt sich der Stil von Keith Richards nicht reduzieren. Ich persönlich höre zwar immer wieder von Möchtegernexperten despektierliche Bemerkungen darüber, wie *schlecht* Richards sei, doch ist dies eine der wenigen Gelegenheiten, die mein sonst so gleichmütiges Blut in Wallung bringt, denn der Mann hat Rockklischees geschaffen, an denen sich heute JEDER Gitarrist bedient. Wie kann jemand schlecht sein, wenn er sich als so richtungsweisend erwiesen hat?

Der Sound der Stones ist unabdingbar verbunden mit der Open-G- Stimmung.[20]
Hier zunächst Die Akkorde, die sich durch Einfaches Barrè-Greifen in den entsprechenden Bünden ergeben.[21]

---

[20] Richards geht sogar einen Schritt weiter, indem er die dicke E-Saite abmontiert, um den Sound übersichtlicher zu halten. Auf Fotos sieht man oft, dass nur 5 Saiten auf seiner Fender- Tele sind.
[21] In der entsprechenden Position kann man auch mit Slide greifen.

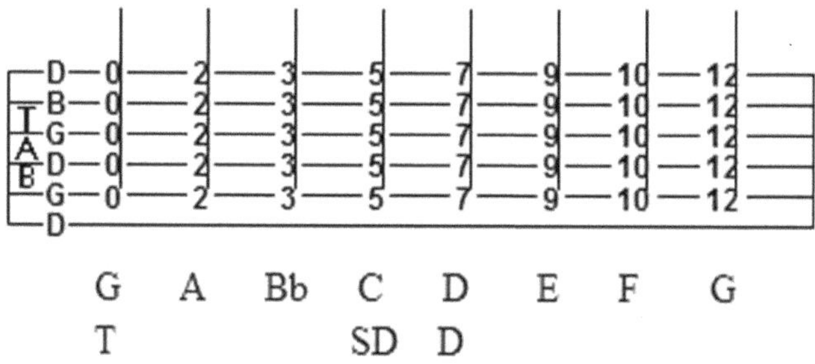

Mit diesen 2 Griffen geht es weiter:[22]

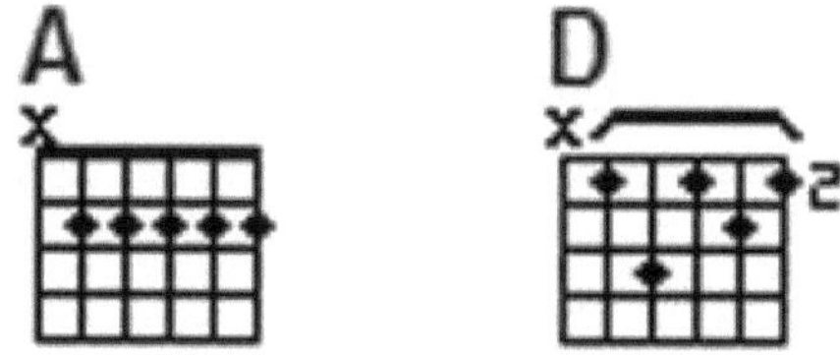

Jawoll ... Das sind die beiden Griffe, die den Stones-Sound ausmachen. Richards benutzt sie *Brown Sugar* oder *Start me up*. Er verschiebt sie nur entlang des Griffbrettes zu passenden Positionen.

---

[22] Die Bezeichnung *D* für diesen Griff ist nicht ganz richtig, denn es befindet sich ein akkordfremdes E darin. Da dieser Griff aber eine D-Funktion hat, wollte ich nicht so pingelig sein und ihn aus Gründen des leichteren Verständnisses nicht *Dadd9* nennen.

Hier ist ein Beispiel für ein Riff, das nach den Rolling Stones klingt:

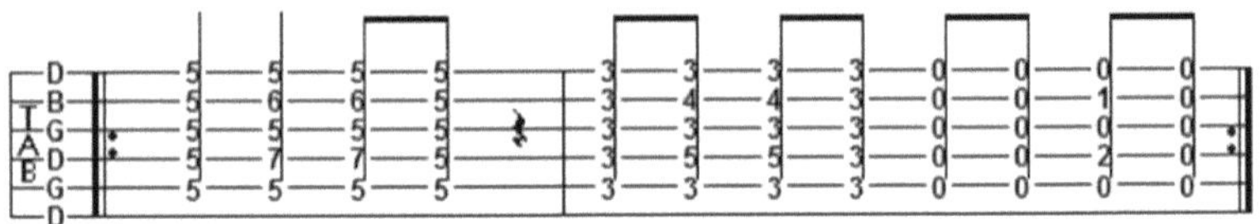

Dies ist also eine der einfachsten, schnellsten und sinnvollsten Verwendungen für ein open Tuning.
Zur Vollständigkeit gibt es jetzt noch ein paar Standardgriffe in Open G. Eine der spannenderen Aufgaben beim Spiel mit open Tunings ist es immer, sich Griffe, Tonleitern und Arrangements selbst auszuklamüsern. So entwickeln sich der eigene Stil und das eigene Klangspektrum. Deshalb verzichte ich hier auf kompliziertere Akkorde, sondern bleibe im gebräuchlichen Rahmen:
G = 000000
C = x02012
D = 0x0234
Em = 202002
Am = x2x212
Hm = x44400

Open G und Open D sind in ihrem Aufbau sehr ähnlich. So können ohne große geistige Anstrengung die Griffe, die in G funktionieren auch für D verwendet

werden, indem man das Griffbild einfach um *eine Saite nach oben* versetzt.
Wie du anderenorts schon kennenlernen durftest, besteht ein Dur Akkord aus dem Grundton (1), der Terz (3) und der Quint (5) diese 3 Bestandteile finden sich natürlich auch in den offenen Stimmungen wieder sonst könnte ja nicht von einer *Stimmung auf einen offenen Akkord* geredet werden, wie man offene Stimmungen auch bezeichnet.

Das Open G ist auf die jeweilige Saitenstimmung bezogen wie folgt aufgebaut (5= Quint, 3= Terz):
D=5, G=1, D=5, G=1, H=3, D=5,
auf eine kurze Formel gebracht: 515135

Bei Open D gilt:
D=1, A=5, D=1, F#=3, A=5, D=1,
Kurzformel: 151351

In beiden Stimmungen befindet sich jeweils die Stimmverteilung 15135. Mal mit einer Saite darüber, mal mit einer Saite darunter.
So erklärt sich, dass die Griffe analog übertragen werden können. Es gibt sozusagen *zwei Tunings zum Preis von einem*.

Viel scheinbar kompliziertes Geschreibsel. Es ist aber in der Anwendung ganz leicht, wie die folgende

In einem 4/4-Takt rückt immer ein anderer Ton nach vorne und das macht den Lauf spannend, wenn er über mehrere Takte durchgehalten wird:

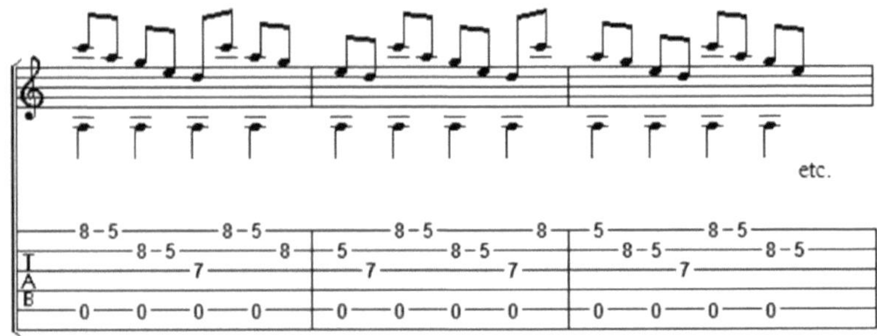

Hier noch ein Beispiel: eine Variation eines der bekanntesten Blues-Licks, verkürzt auf 5 Töne.

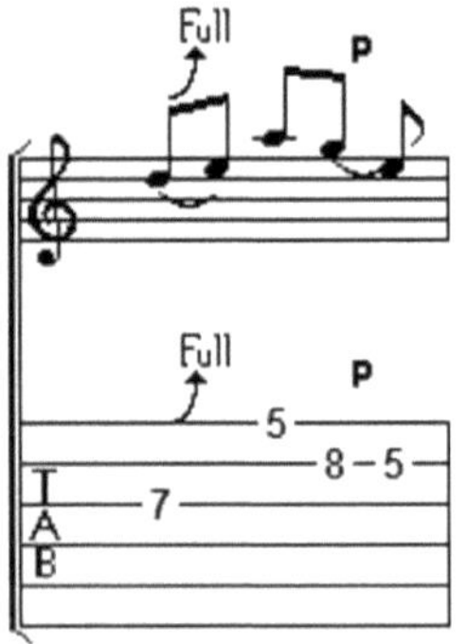

Vorschlag: Bau in deine Soli ein oder mehrere solcher Licks ein. Das funktioniert gut und macht jedes Solo spannend. Das Ganze klappt auch mit Phrasen von 3, 7 oder 9 Tönen. Jede ungerade Zahl ist geeignet für diesen *phasenverschobenen* Effekt.

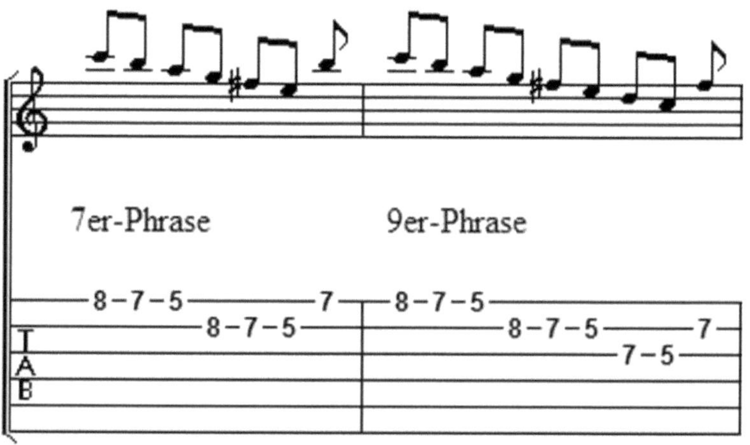

Eine echte Herausforderung findet sich wieder einmal in der Anwendung dieser Technik beim Fingerpicking. Der Daumen hält den Beat, die Finger spielen die Phrase. Da kann und darf man schon mal durcheinanderkommen:

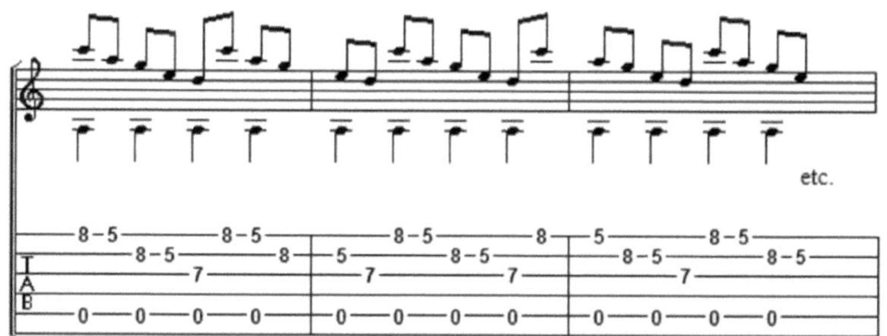

Kapitel 20: Walking Bass Nr. 2

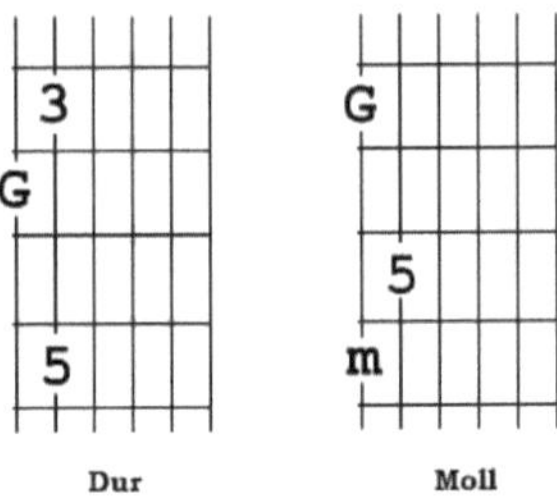

Im ersten Kapitel über den Walking Bass haben wir uns vom Grundton aus in die tieferen Töne bewegt. Weiter geht´s jetzt mit den Tönen oberhalb des Grundtones, tatsächlich um einfache Dur- und Moll-Dreiklänge.

Die dazugehörige Formel ist schon bekannt:
Beat 1 = Grundton, Beat 2 und Beat 3 jeweils ein Akkordton (in diesem Fall eine Quint oder Terz) Beat 4 ein Halbton über oder unter dem Grundton des neuen Akkordes.
Bei einfachen Dreiklängen klingt es nicht ganz so *spannend*, als wenn Septimen mit dabei sind, aber es gibt gute Gründe, auch zwischendurch mal etwas gefällig zu bleiben. Das gibt den Mitmusikern auch etwas mehr Spielraum für ihre Soli.

In Kombination mit den Optionen, wie sie in Walking Bass Nr. 1 beschrieben wurden, steht jetzt schon ein echtes Paket von Möglichkeiten zur Verfügung.

Kapitel 21: Walking Bass Nr. 3

Jetzt geht es ans Eingemachte ☺.
Die besagten Formeln, nach der wir bisher vorgegangen sind, klingen langweilig, wenn sie über mehrere Takte angewendet werden. Es kann ja auch mal sein, dass z.B. ein Am7 über mehrere Takte läuft und dann braucht es auf jeden Fall noch ein paar Möglichkeiten mehr, wenn das Publikum nicht mit den Augen rollen oder gähnen soll.
Dazu machen wir uns noch einmal klar, welche Töne ein Am7 enthält. Das sind A, C, E und G
Mit folgendem System spielen wir auf dem 1. und dem 3. Beat eines Taktes einen dieser Akkordtöne und auf dem 2. und 4. Beat jeweils einen chromatischen Annäherungston.

Eine solche Folge könnte so aussehen:
A = Grundton
Gis = Zwischenton
G = Septime
Eb= Zwischenton
E = Quinte
Bb = Zwischenton
A= Grundton etc.

So bewegt sich die Melodie von einem Akkordton zum nächsten und der Akkord wird deutlich und erkennbar skizziert.

Hier ein Beispiel: 2 Takte Am, 2 Takte D7, 4 Takte Gmaj7 als Loop:

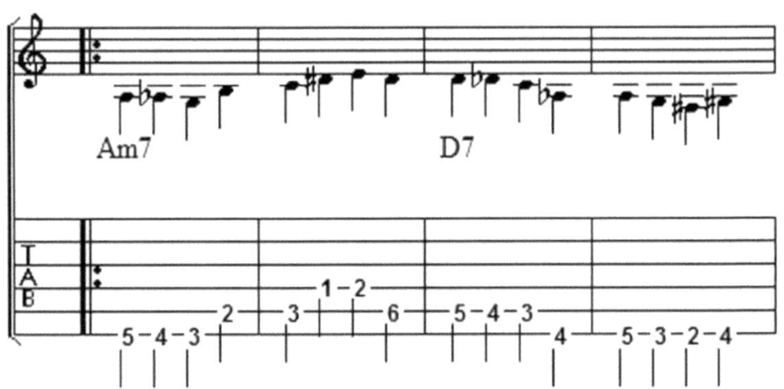

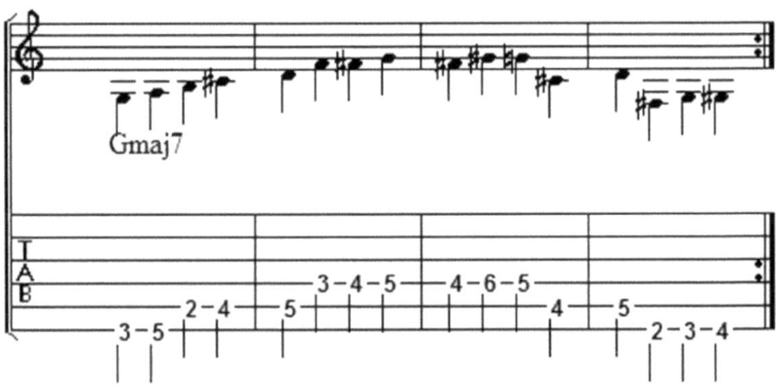

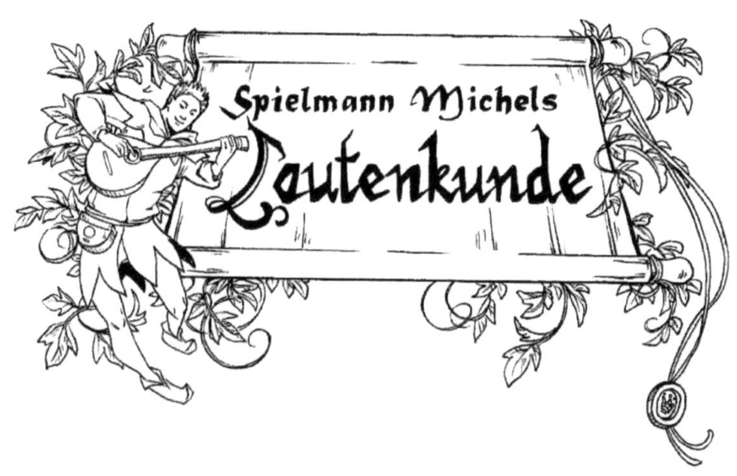

Kapitel 22: Da Diddeldi Duddeldi Schwinget das Tanzbein, edle Leser und Musikanten

Eine keltische Melodei, gesetzet für die Lauten zu verbringen die edlen Zuhörer in begeistertes Handgeklapper, Fußgestampfe und Gejohle:

Dadiddeldi Duddeldi

Wohlan denn, edle Spielleute,
Musik aus dem keltischen Raume, namentlich Schottland oder Irland erfreuet das Ohr stets aufs Neue mit seiner kraftvollen und freudigen Art, die Melodien zu setzen. Heut wollen wir uns einer Form der Tanzmelodie widmen, die *Jig* ist geheißen und die sich auszeichnet durch einen gar typischen

Rhythmus (Dadiddeldi Duddeldi Diddeldi Daddeldi etc.)

Üblicherweise wird der Jig notieret im 6/8-Takte, doch erscheinet mir die nicht recht angemessen, zumal doch nicht sechs und auch nicht drei, sondern zweie der Schläge man geneigt ist zu tun, wenn in das kaum zu vermeidende Handgeklapper man einsteiget. Richtiger erscheinet es mir den Jig als triolisch gespielten 2/4-Takt zu verstehen.
Da es nicht meine Absicht ist, den geneigten Leser gleich in den ersten Zeilen mit Klugschwätzerei zu langweilen, sei dies hier (kurz) anschaulich gemacht.

„Dadiddeldi Duddeldi"
ist der typische Rhythmus eines Jig. Zumeist erfolgen drei der Töne auf einen Klatscher mit der Hand.

Nichtsdestotrotz entschied ich mich aus Gründen der Übersichtlichkeit, den Tanz im 6/8-Takte zu notieren, wie es üblich aber halt nach meiner bescheidenen Meinung nicht zur Gänze korrekt ist.

Für die Lauten gibt es eine treffliche Methode, diesen Rhythmus auf das Instrument zu übertragen.
Bereits in früheren Lektionen erklärte ich die Techniken des Hämmerns und des Abziehens (in Musi-

kerkreisen auch auf angelsächsische Art *Hammering* und *Pull-Off* geheißen).

Es wird also der erste von 3 Tönen gezupfet, der nächste gehämmert (oder halt abgezogen) und der dritte wiederum gezupfet. Dies ist sehr schön zu, erkennen an diesen Beispielen aus dem heutig vorgestellten Musikstück:

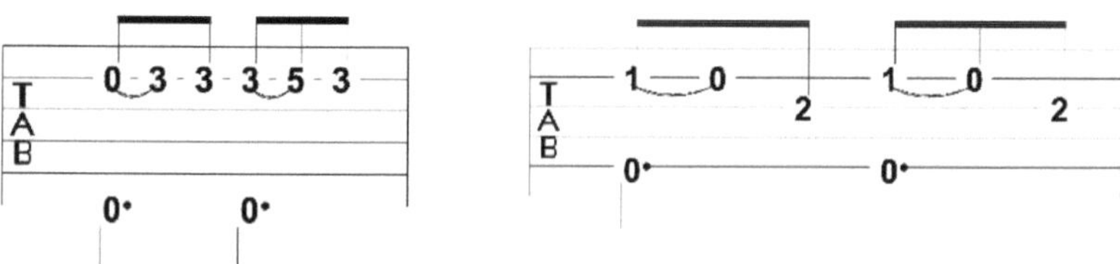

Das erste Bild zeiget, wie man den Rhythmus mittels Klopfen, das zweite mittels Abziehen erzielet. Wie immer sei die Melodie durch Basstöne unterleget, denn wir wollen ja die Vielstimmigkeit der Laute stets im Blicke haben, wenn wir spielen.
Es sei angeraten, sich zuerst vertraut zu machen mit dieser Spielweise, auf dass diese hernach sich als leichter erweiset, wenn im Stück zur Anwendung sie kommet.

Sollte der geneigte Leser es gewöhnet sein, dass ein H oder ein P zur Kennzeichnung eines Hämmerings oder Pull-offs beigefüget ist, so sei hier erwähnet, dass ich dieses so nicht praktiziere aus Gründen der

Übersichtlichkeit, aber auch der Bequemlichkeit beim Schreiben. Es bedarf nicht viel an Schläue, um zu sehen, dass eine Bewegung vom ersten in den nullten Bund niemals ein Hammering sein kann und umgekehrt genauso. Da ich darum weiß, dass sich meine Leser stets einer sozial verträglichen Intelligenz erfreuen dürfen, liege ich sicher richtig mit dieser Haltung ☺ Sofern andere Spielweisen zum Tragen kommen, so sind diese allerdings benannt, damit man stets genau weiß, was denn nun geschehen soll.

Sonny Broghan´s Jig ist der Name der Melodie und hier ist zunächst der erste Teil in einer Version ohne viel spielerischen Zierrat zum Kennenlernen und Durchspielen.

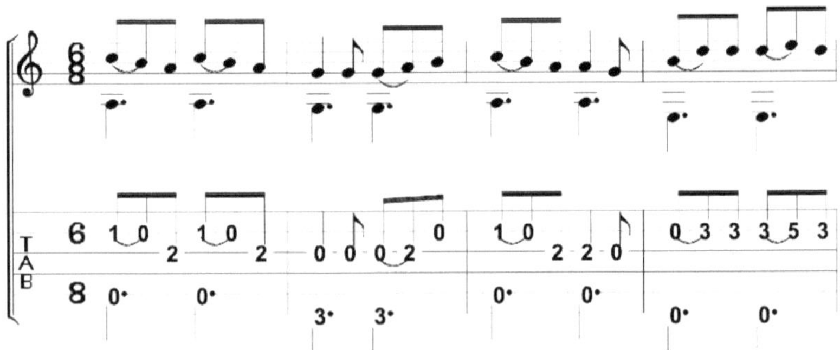

Weiter geht es so[24]:

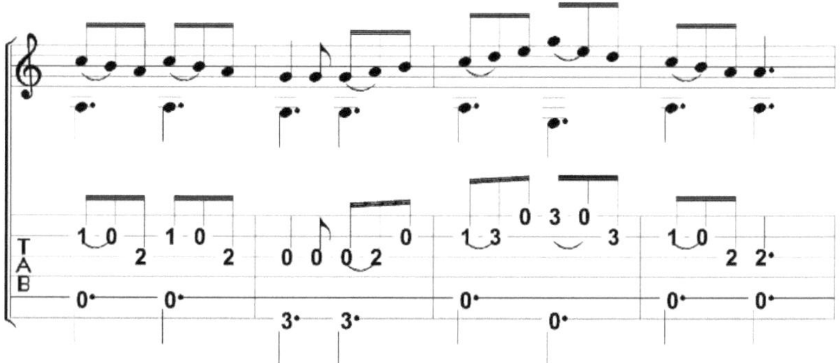

Zwei der Pull-Offs im ersten Takte ... für den zweiten Takt rate ich an, das G im 3. Bunde der dicken Saite mit dem Ringfinger zu greifen, auf dass der Mittelfinger kraftvoll die G-Saite im 2. Bunde aufzuklopfen vermag.

Für den Falle, dass man mit mehreren Musikern diese Melodie zum Besten geben möchte, seien hier nun die entsprechenden Griffe aufgeführet:

|Am |G |Am |Em |

|Am |G |Am Em |Am |

[24] Die Aufteilung des Stückes in 4 Viertel wurde vom Schreiberling dieser Zeilen mit Bedacht so gewählet, um das Üben in kleinen Einheiten nahe u bringen.

Wenn ich es recht sehe, so gibt es zu diesem Teile nichts Gehaltvolles mehr hinzuzufügen, also gehen wir sogleich weiter zum zweiten Teile (die erste Hälfte):

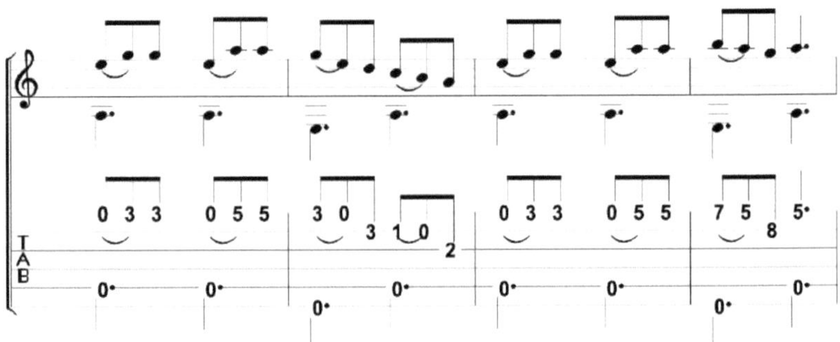

Und die 2. Hälfte:

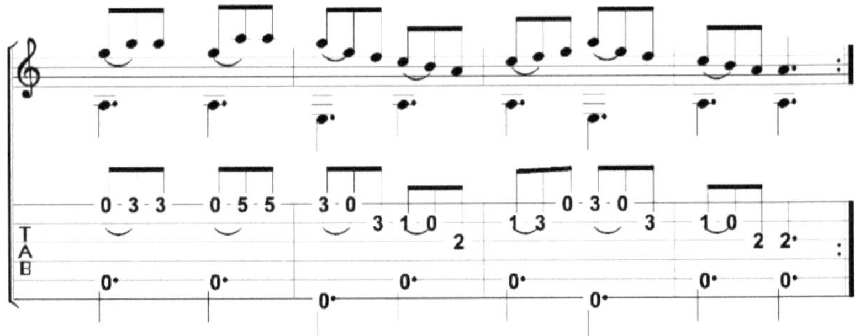

Hier zunächst die Griffe, es folgen hernach noch einige Erklärungen:

|Am |Em Am |Am |Em Am |
|Am |Em Am |Am |Em Am |

Gleich zu Beginn ist ein kraftvolles Aufklopfen in den 3. und auch den 5. Bund angezeiget. Der Lautenspieler mag sich dafür den Finger aussuchen, welcher ihm am geeignetsten dünk. Doch rate ich an, den Ringfinger zu nutzen, da zunächst er über die Kraft verfüget, diesen musikalischen Akt zu vollziehen, und darüber hinaus es die Finger an die Stelle bringt, von wo sich trefflich weiterspielen lässt. So ist nur ein weiteres Rutschen mit besagtem Finger in den 7. Bund vonnöten (4. Takt), um von dort aus die Melodie auf leichte Weise fortführen zu können.

Erfreulich stets an keltischen Melodien sind für den Musikus stets die häufigen Wiederholungen. So enden der erste und der zweite Teil mit den gleichen beiden Takten und innerhalb der unterschiedlichen Teile finden sich auch stets Stellen, welche zwei oder drei Male gespielet sein. So etwas nennet man in späteren Jahren *oeconomia*. 16 Takte zum Preis von zwölfen. Das nenne ich ein gutes Geschäft ☺.

Doch nun sei dieses Stück noch auf ein höheres Maß aufgepimpet. Denn es gibt noch etliche der möglichen Variationen.

Hier sei deren erste, anzuwenden auf den zweiten Takte:

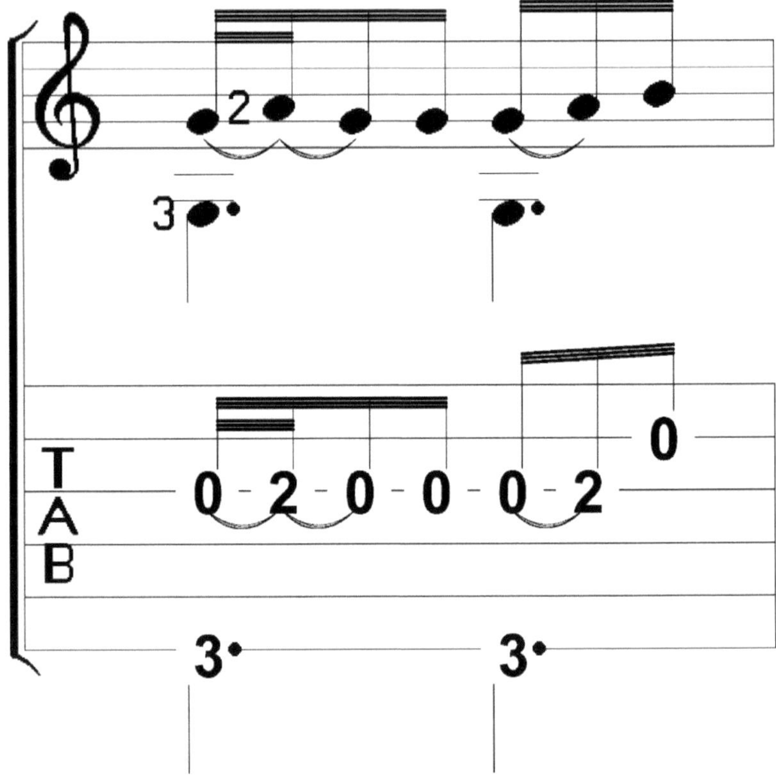

Es ist das, was auch *Pralltriller* man heißet. Eine schnelle Folge von Aufklopfen und Abziehen auf der G-Saite mit dem 2. Finger im 2. Bunde.

Nicht zu schwer auszuführen, doch bringet es Erhebliches an Wirkung.

Variatio secundi[25], für den dritten Takte:

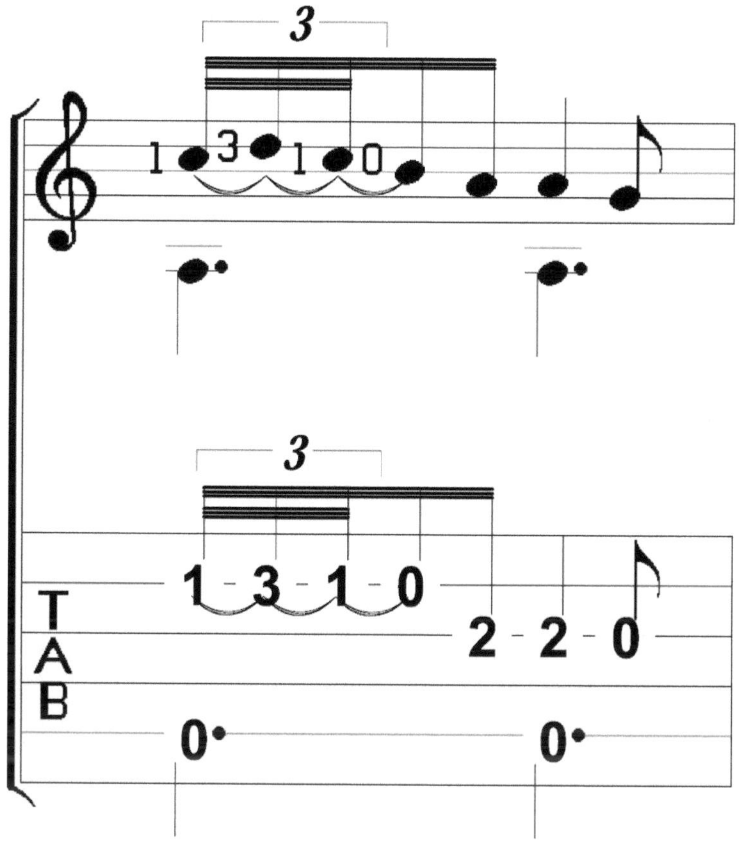

Ein ähnliches Ding wie oben bereits näher beschrieben. Trefflich geeignet zu verzieren das C im ersten Bunde der zweiten Saite

25 2. Variation ☺

Variatio tertii, zu verwenden als Alternativum zu Takt 4:

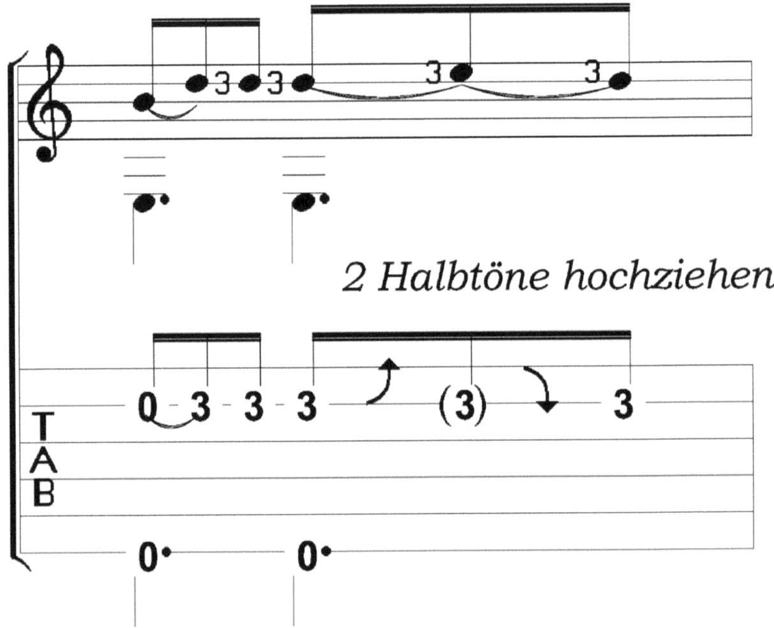

Was nun folget, ist fürwahr ein Ding für Kämpfer, die es gewöhnet sein, sich durchzubeißen. Zunächst sei angemerkt, dass sich auch die Konstruktion einer Laute verändert hat im Laufe der Jahre, was ich als zeitreisender Spielmann trefflichst zu bezeugen vermag. Worauf ich hinaus will ist das Factum, dass da wo es früher nur Saiten aus Darm gab, es mittlerweile auch Lauten und lautenähnliche Instrumente gibt, deren Saiten aus Metall sind gefertigt.

Dies gibt ein ordentliches Maß an spielerischen Möglichkeiten, deren eine das Ziehen von Saiten ist. Man greife die Saite und ziehe sie, einem Bogen kurz vor dem Abschuss des Pfeiles gleich. Für den Ton der Lauten bedeutet dies, dass selbiger nach oben gleitet, ohne dass Ecken und Kanten das Aufsteigen des Tones unterbrechen. Ein fürwahr großartiges Effectum, das trefflich beherrschet wird von Spielleuten wie Richard Schwarzmoor, den ich nicht müde werden kann, als Meister der gezupften Instrumente zu preisen.

Dazu noch ein weiteres Beispiel in Variatio quartii:

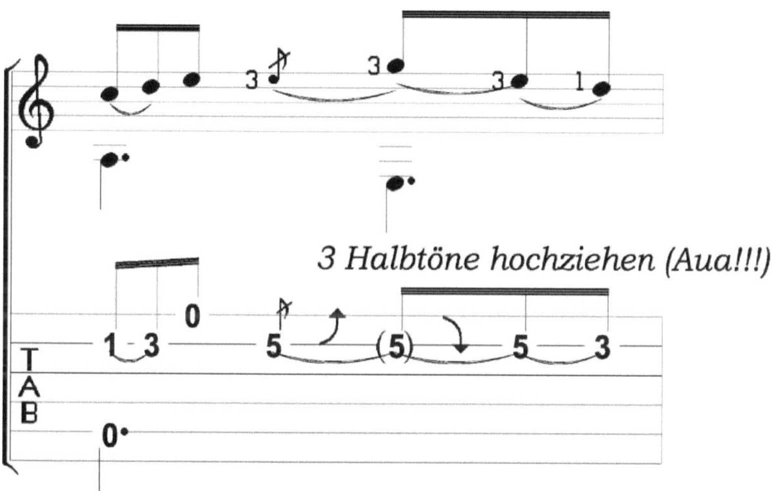

Bereits erwähnet wurde, dass der dritte Finger über ordentlich Kraft verfüget. Diese ist hier bitter vonnöten, wenn der Ton im 5. Bunde gezogen wird um 3 halbe Töne. Dies ist immerhin der Tonbereich, der sonst abgedecket ist durch 3 (!) Bünde. Anwenden kann man dieses kleine Meisterstück auf den 7. Takt.

Kurz sei noch darauf hingewiesen, dass es nicht gänzlich unmöglich ist, dieserlei Spieltechnik auf Darmsaiten zu verwenden, doch ist dies mit erheblichen Schwierigkeiten verbunden. Auf Saiten aus Metall ist dies um wesentliches einfacher. Ein jeder Lautenspieler möge selbst durch ausprobieren sein Erfahrungen machen.

Variatio quintii eignet sich für den letzten Takt des ersten und zweiten Teiles. Sie erklinget ein wenig wie eine Sackpfeife, weil die beiden *A*-s auf dem 2. Bunde der G-Saite getrennet sind durch einen Zwischenton. Gegriffen durch den 3. Finger und hernach rutscht dieser direkt weiter zum 2. Bunde. Ein feines und wenig aufdringliches Effectum für Spielleute mit zartem Geschmack.

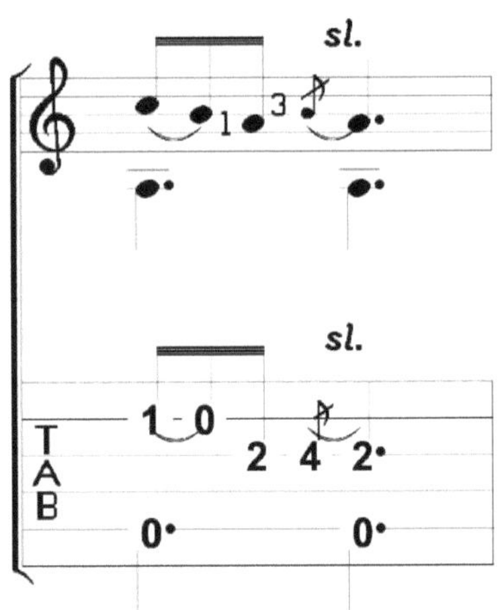

Zu guter Letzt noch ein Beispiel, wie die oben beschriebenen Pralltriller man in Folge verwenden kann. (jeweils der vorletzte Takt direkt vor dem Schluss.)

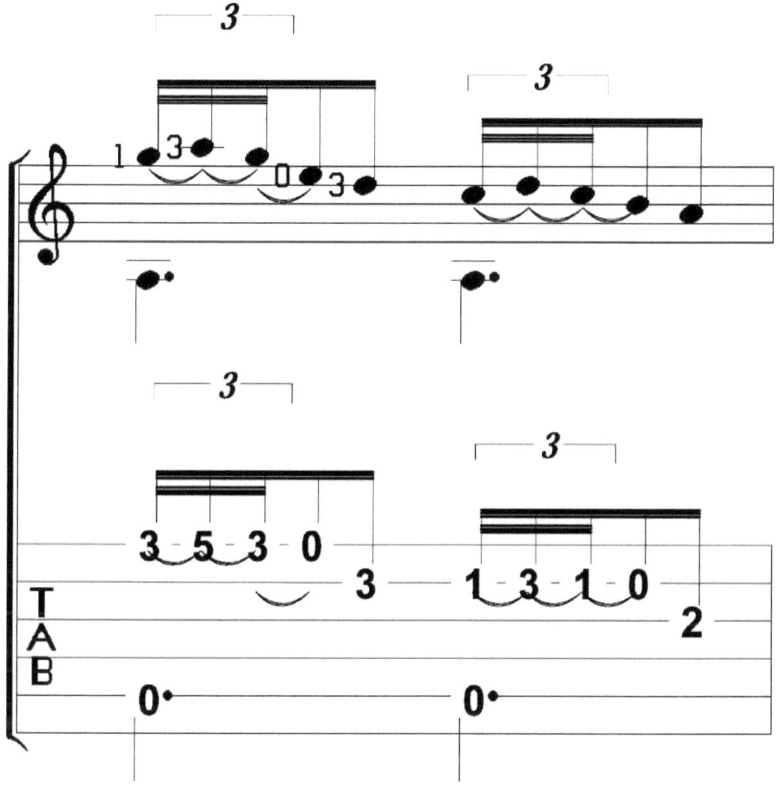

Wie immer erfreuet es mich am meisten, wenn der geneigte Musikus selbst probieret und sich auf eigene Weise dieser möglichen Spielweisen annimmt.

Shorties Nr. 7: Das Metronom! Och nööö ... ☹

Kein Musiker mit professionellen Ambitionen würde den Wert des Metronoms unterschätzen. Gutes Timing geht nicht ohne Taktgeber und ein neu erlerntes Stück kann nur dann Bühnenreife erlangen, wenn du es fehlerfrei zum Metronom spielen kannst.

Was jetzt kommt ist sicher nichts neues, aber so wichtig, dass es nicht oft genug gesagt werden kann: Beim Training mit dem Metronom immer sehr langsam anfangen. So langsam, dass es weh tut und der Eindruck entsteht, man schlafe gleich ein. Doch erst wenn ein langsames Tempo fehlerfrei bleibt, besteht eine Chance, auch mittlere und hohe Tempi bewältigen zu können.

Kleiner Tipp am Rande:
Beim Üben von Jazz- oder Swing-Stücken stellt das Metronom auf halbes Tempo ein. Die jetzt hörbaren Clicks, sind jetzt die Beats 2 und 4 eines Taktes (das sind die Beats, bei denen der Jazzfreund in die Finger schnippt).

Es mag etwas ungewöhlich sein, in den Beat hineinzukommen, deshalb anfangs bitte laut mitzählen: Auf dem Click 2 und 4, zwischen den Clicks 3 und 1. Nach zwei bis drei Durch-läufen sollte der Beat problemlos erfasst sein: 2 mit click, 3, 4 mit click, 1, 2 mit click, 3, 4 mit click, 1 usw.

Eine gute Alternative zum Metronom ist ein Drumcomputer. Das klingt spannender, macht mehr Spaß und das Timing trainiert sich auch so. Doch hat ein Drum-Rhythmus den ungewünschten Effekt, zu verschönern. Unsauberkeiten im Timing werden so kaschiert. Es hört sich zwar alles richtig an, doch liegt dies vielleicht nur daran, dass die Unsauberkeiten wegen der Drums nicht auffallen.

Mit Metronom erlebt der Musikus die Stunde der Wahrheit. Spielst du richtig, fällt es nicht auf und stört auch nicht. Stimmt das Tempo nicht, mischen sich schon nach wenigen Takten störende Clicktöne in das Spiel. Dann liegt die Idee nahe, das Metronom sei kaputt (eher unwahrscheinlich). Eine Ausrede, auf die gern zurückgegriffen wird, ist:

Ich spiele ja mit Gefühl und schwanke bewusst mit dem Tempo, damit die Emotionen besser ´rüberkommen.

Das ist Bullshit.

Das Metronom gehört ausschließlich in den Übungsraum und nicht auf die Bühne. Für präzises und effektives Üben ist das Gerät mehr als hilfreich.

Shorties Nr.8: Die zehn Gebote für gutes Proben

1. Pünktliches Erscheinen am Probenraum

2. Vorbereitet sein (Wo hat es Probleme bei der letzten Probe gegeben? Was für Lösungen gibt es? Was kann ich tun, um das Stück voran zu bringen? Wie kann ich den Kollegen eine neue Idee nahebringen? Dazu gehört auch, sein Equipment komplett zu haben: Kabel, Plektrum, Ersatzsaiten. Nach Möglichkeit Zweitgitarre und Zweitverstärker im Probenraum parat haben, falls es mal technische Probleme gibt. Der Probentag ist

nicht dafür gedacht, Skalen und Riffs zu üben. Das macht bitte zuhause)

3. Papier und Stift verwenden (*Hausaufgaben aufschreiben*, damit sie nicht vergessen werden. Songabläufe groß und für jeden Mitspieler deutlich sichtbar im Probenraum aushängen.)

4. Aufnehmen (und gemeinsam kritisch durchhören, um Knackpunkte zu ermitteln)

5. Einigt euch, wie Stücke eingeübt werden sollen. Da gibt es sehr viele Herangehensweisen:
   - Jemand bringt ein Riff mit zur Probe und dann wird gejammt. Macht Spaß, jeder ist am Entstehungsprozess beteiligt, doch dauert es sehr lange, bis ein Stück fertig und bühnentauglich ist. Außerdem besteht die Gefahr, dass ihr bis zur nächsten Probe vergesst, wie das Stück ging, wenn ihr es nicht aufgenommen oder mitgeschrieben habt.

- Jemand bereitet etwas vor und bringt Noten oder Leadsheets für die Mitmusiker mit zur Probe (So wird ein Stück sehr schnell fertig, allerdings gibt es so natürlich keine basisdemokratische Diskussion, denn Ihr folgt ja der Vorbereitung eures Kollegen.)

6. Zickt nicht rum: Kritik ist notwendig, aber bleibt in gesundem Rahmen. Bleibt respektvoll den Ideen Eurer mitmusiker gegenüber und demontiert den vermeintlichen Sündenbock nicht zur Gänze. Spielt nicht auf den Instrumenten rum, wenn gerade geredet wird.

7. Jeder hat das Recht, sich nach seinen Möglichkeiten einzubringen, jeder darf Stücke schreiben, jeder darf seine Meinung sagen. Und ja: ... jeder darf mal ein Solo spielen.

8. Demokratie im Probenraum heißt nicht, alle beschließen alles gemeinsam, sondern jeder darf mal. Bei einem vorbereiteten Stück sollte man dem Komponisten die Federführung

überlassen. Eigene Ideen bringt man am Besten in eigenen Kompositionen unter.

9. Bedarfsorientiert proben:
   Steht ein Kurzauftritt von 30 Minuten an? Dann stellt euch eine Uhr hin und übt die 30 Minuten. Verennt euch nicht in stundenlangem Jammen, wenn ihr beim Auftritt ein gutes Bild abgeben wollt. Ihr braucht einen Anfang, ein Ende, einen Spannungsbogen und gute Ansagen. (Queen haben beim Band-Aid-Auftritt alle anderen Bands an die Wand gespielt, weil sie die ca. 25 Minuten Zeit, die sie hatten, minutiös geplant hatten und eine komplette Mini-Rock-Show auf die Beine stellten).

   - steht ein Studiotermin an? Spielt durch, was ihr aufnehmen wollt. Das spart Studiozeit und Geld.

10. Niemals vergessen: Musik macht Spaß!

Kapitel 23: Open Tuning Nr. 2 Und jetzt mal mit Gefühl: Modale Stimmungen

Ich bin mir gar nicht sicher, ob es den Begriff modale Stimmungen überhaupt *offiziell* gibt.
Ich verwende ihn für Stimmungen wie DADGAD oder DADEAE, weil sie sich nicht wie OpenD oder OpenG so einfach nach Dur oder moll zuordnen lassen. DADGAD ist eine sehr populäre Stimmung, die wir besonders in der Irish-Folk-Szene finden und der sich auch Led-Zeppelin-Gitarrist Jimmy Page immer wieder gerne bediente (*Kashmir* oder *Black Mountain Side* - in letzterem Fall empfehle ich, sich lieber das Original *Blackwater Side* von Bert Jansch anzuhören.)

In diesem Kapitel soll jetzt ein sehr intuitiver Zugang zur Gitarre vorgestellt werden: Ohne großes theoretisches Wissen reicht ein Minimum von handwerklichen Vorkenntnissen aus, um sich mal so richtig in den Gitarren-klängen treiben zu lassen.
Die folgenden Informationen wurden für DADGAD aufbereitet, lassen sich aber genauso auf DADEAE oder andere Gitarrenstimmungen anwenden.

Bei DADGAD wird die tiefe E-Saite auf D heruntergestimmt. A-, D-, und G-Saite bleiben auf ihrem Ton, die H-Saite wird auf A und die hohe E-Saite auf D heruntergestimmt.

Schon beim einfachen Durchzupfen der sechs Saiten hören wir, auch ohne dass gegriffen wird, einen sehr schönen Klang: nicht Dur, nicht moll, sehr harmonisch und überhaupt nicht kitschig.
Jetzt gehen wir in mehreren einfachen Schritten vor, um sich mit dem Klang vertraut zu machen.

1. Zunächst wird einfach ein beliebiges Zupfmuster durchgespielt (Beispiel).

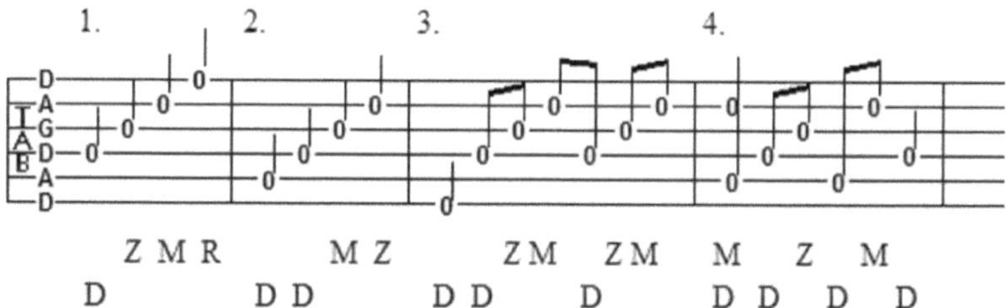

   So lange, bis es ohne Verzögerungen timingsicher aus den Fingern fließt. Hier sind 4 Vorschläge. Jedes andere Zupfmuster kann ebenso verwendet werden.

2. Jetzt kommt die linke Hand ins Spiel. Ein Finger reicht völlig. Man greift z. B. auf der hohen A-Saite in einem beliebigen Bund und

zupft sein Muster durch. Dann greift man in einem anderen Bund, lässt die Saite wieder los, greift wieder woanders und findet so heraus, an welchen gegriffenen Bünden einem der Klang gut gefällt. Das gleiche können wir mit der G- oder einer der D-Saiten durchspielen und wir bekommen schon recht komplexe klangliche Ergebnisse.

3. Die G-Saite im 2. Bund und die ungegriffene hohe A-Saite sind klanglich identisch. Der Griff *verdoppelt* den Ton: Zugleich angeschlagen ergibt sich ein interessanter Chorus-Effekt (das macht Jimmy Page bei *Kashmir.*), innerhalb eines Zupfmusters eine Tonwiederholung. Dieser Griff kann ebenso wie unter 2. beschrieben entlang der Saiten verschoben werden.

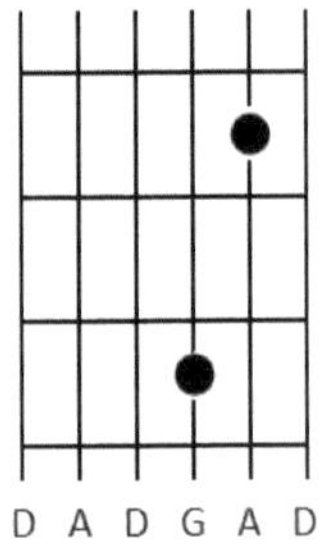

4. Oktav-Parallelen: Wir haben in dieser Stimmung mehrere Saiten gleichen Namens. Diese bilden einen Abstand von

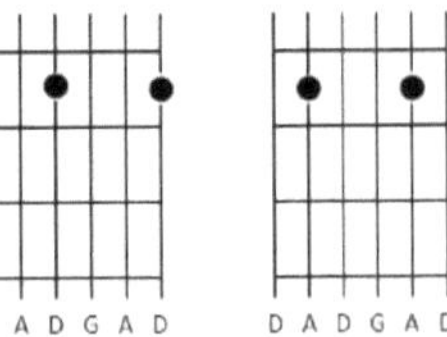

einer Oktave. Simpel ausgedrückt heißt das: *Was auf der einen D-Saite richtig ist, kann auf der anderen nicht falsch sein.* Das gilt natürlich genau so für die beiden A-Saiten. Gleichnamige Saiten jeweils im gleichen Bund gegriffen bringen einen Klang der „passt“. Wiederum können durch Verschieben des Griffes die Töne gefunden werden, die einem am besten gefallen. Oben ist eine Abbildung dazu

5. Quint-Parallelen: Besonders in dieser Lektion wollen wir uns nicht mit Theorie beschäftigen.

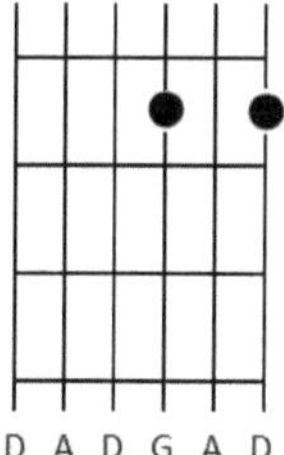

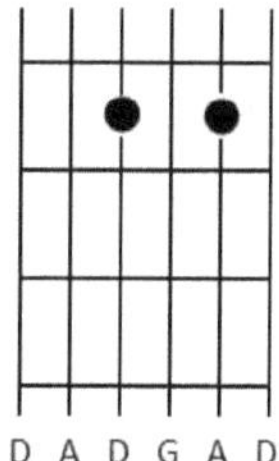

Daher wird hier auch nicht erklärt, um was es sich bei Quint-Parallelen handelt, sondern nur gezeigt, wie sie gegriffen werden. Das mit dem Verschieben gilt auch hier. Die Quint ist ein Intervall, das besonders im Mittelalter gerne verwendet wurde. Mittelalterliche Melodien klingen so sehr authentisch. In ganz hohen Lagen bringen Quint-Parallelen ein asiatisches Flair.

Hier noch ein Anwendungsbeispiel: Verwendet wurde ein Zupfmuster, das sich konsequent durch das Stück zieht.

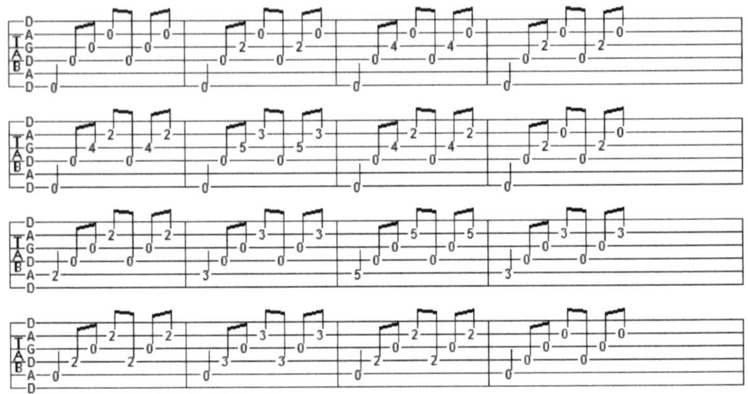

Dieser Zugang bietet unglaublich viele Möglichkeiten, wunderschöne Musik zu machen. Da gibt es auch keine falschen Töne. Man arbeitet sich einfach von einer Position zur nächsten, geht einen Schritt nach dem anderen, ohne ein festes Konzept zugrunde zu legen. Um einmal mit dem von mir sehr geschätzten Maler Bob Ross zu sprechen: *There are no mistakes, just funny little accidents.* (Es gibt keine Fehler, nur lustige kleine Zufälle.)
Und sollte es doch einmal Unzufriedenheiten mit einem Ton, geben, dann schau dir doch bitte das

Kapitel *Falscher Ton, was nun?* an. Was dort steht, kann auch hier angewendet werden.

P.S. Hier ist noch etwas, was ich dir auf keinen Fall vorenthalten möchte. Passt nicht so ganz in dieses Kapitel, aber ich schreibe es trotzdem hier hinein, weil es einfach zu schön ist (grins). Vergleiche doch bitte einmal den Klang dieser Tonleitern.

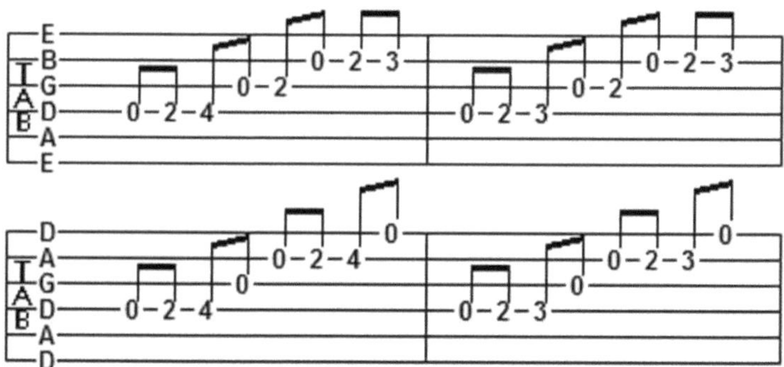

Links ist eine normale D-Dur-Tonleiter, rechts eine Tonleiter in D-Dorisch (was immer das heißen mag). Das Ganze einmal in Standard-Stimmung und darunter das gleiche in DADGAD. In letzterem Fall fließen die Töne ineinander, wie es in der Standardstimmung niemals zu realisieren wäre. Eine simple Tonleiter bekommt so einen vollen, tragenden und fast harfenähnlichen Klang. Nur bitte darauf achten, dass die Saiten lange klingen und nicht versehentlich abgedämpft werden, sonst geht dieser eindrucksvolle Effekt flöten.

Kapitel 24: Slide-Gitarre … auch Bottleneck-Spielweise genannt.[26]

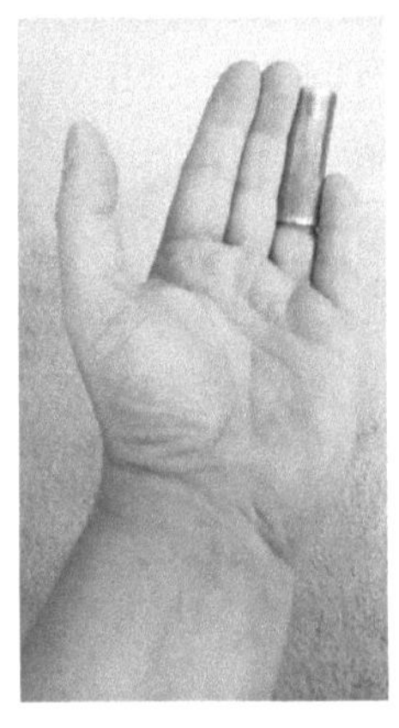

Die Saiten werden nicht mehr auf den Bund gedrückt, sondern leicht mit einem Metall- oder Glasrohr abgegriffen. Das Rohr übernimmt dabei die Funktion, die sonst die Bünde hatten. Das Besondere dabei ist, dass der Ton übergangslos gleiten kann, ohne hörbare Übergänge von einem Ton zum nächsten.

Wozu brauche ich das? ist eine sicherlich berechtigte Frage, doch die Antwort darauf ergibt beim Hören der Gitarren-soli von Robbie Williams` *Angels*, Pink Floyds *One of these Days* oder *High Hopes*, George Harrisons *My sweet Lord*, Keith Richards *Silver* oder allgemein der Musik von Rory Gallagher oder Duane Allman von selbst.

Unter den Akustik-Spielern seien stellvertretend Leo Kottke, Ry Cooder oder Sammy Vomacka genannt.

Der typische Hawaiisound basiert ebenso auf der Slide Technik, wie der Sound der Pedal-Steel-Gitarre im County and Western oder der Blues eines späten Muddy Waters.

---

[26] Frühe Bluesmusiker haben tatsächlich mit einem abgebrochenen Flaschenhals gespielt. Vielleicht hat das typische Bluesfeeling seine Ursache in wiederholten Schnittverletzungen.

Es gibt unterschiedliche Möglichkeiten, einen Slide zu verwenden. Da es sich in vorliegendem Druckwerk nicht um eine lückenlos wissenschaftliche Aufarbeitung der Thematik im Stil einer Doktorarbeit handelt, beschränke ich mich auf eine dieser Möglichkeiten. Der Slide wird auf einen der Finger gesetzt.

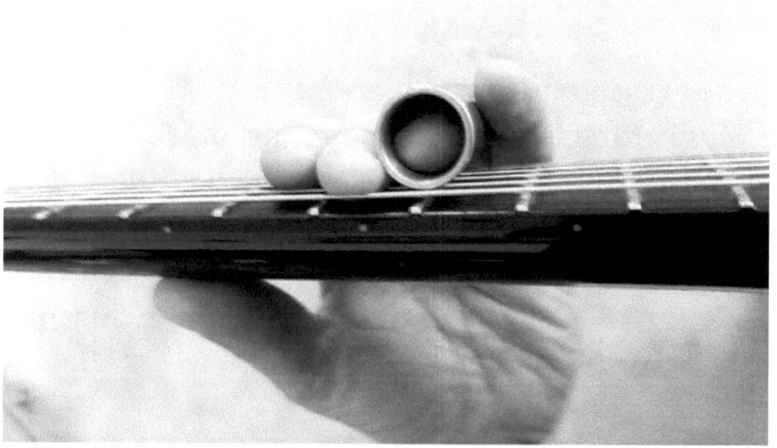

Es ist sehr wichtig, die Saiten hinter dem Slide mit den Fingern abzudämpfen, denn sonst sind schauerliche Nebengeräusche nicht zu vermeiden.

Auf dem Bild oben ist zu erkennen, wie es richtig geht. (Das ist meine Hand. Schön für mich zu sehen, dass diese vorbildliche Handhaltung auch kritischen Begutachtungen standhalten kann ☺)

Slide-Spiel in Standardstimmung:

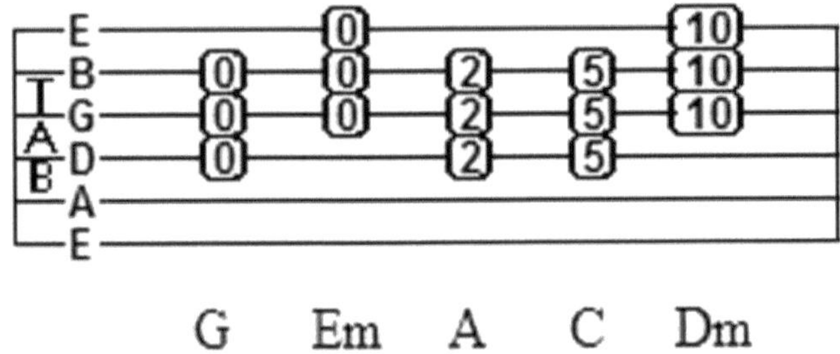

Meines Erachtens funktioniert das nur, wenn andere Musiker mitspielen. Wenn wir uns die Stimmung einer Gitarre anschauen, sehen wir, dass dort ein Dur- und ein Moll-Akkord zu finden ist. G-Dur besteht aus den Tönen G, H und D, E-Moll aus den Tönen E, G und H. Mit diesem Wissen lassen sich ganz leicht Akkorde mit dem Slide greifen:

D-, G- und H-Saite

2. Bund = A-Dur
4. Bund = H-Dur
5. Bund = C-Dur
7. Bund = D-Dur
9. Bund = E-Dur
10. Bund = F-Dur
12. Bund = G-Dur

G-, H- und E-Saite

2. Bund = F#-moll
3. Bund = G-moll
5. Bund = A-moll
7. Bund = H-moll
9. Bund = C-moll
10. Bund = D-moll
12. Bund = E-moll

Brauchen wir also einen A-moll-Akkord, gleiten wir mit dem Slide zum 5. Bund und zupfen die 3 hohen Saiten. Wollen wir dann zu einem G-Dur wechseln, gleiten wir zum 12. Bund und zupfen die Saiten von D bis H. Die obenstehende Tabelle hilft bei der Orientierung.

Phrasierung:

Um nun den Klang der Slide-Technik voll auszukosten, gibt es 2 Tricks, die den Unterschied zur Fingergriffweise besonders deutlich machen. Es ist immer sinnvoll, mit einem starken Vibrato zu arbeiten und dann gibt es noch die *L-Figur*. Diese Bewegung entspricht ungefähr der des Springers beim Schach. Setze den Slide etwas höher oder tiefer als den gewünschten Ton an, gleite zum Zielton und zupft eine der beiden Saiten daneben. Zum Schluss klingen also die beiden nebeneinanderliegenden Töne.

Jetzt noch ein ordentliches Vibrato drauf und schon klingt das Ganze nach Slide-Gitarre.

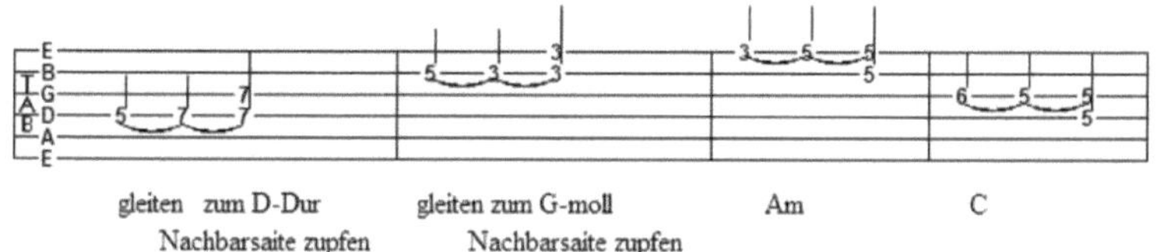

Spielen in Open Tunings:

Jetzt wird es richtig spannend, denn wenn die Gitarre offen gestimmt ist, haben wir einen kompletten

Akkord über 6 Saiten, den wir mit dem Slide abgreifen können. Die folgenden Beispiele sind alle in Open G, sind aber auch für Open D verwendbar.

Schritt 1: Blues

Die Tonika befindet sich im 0. und 12. Bund, die Subdominante im 5. Bund, die Dominante im 7. Bund.

So ergibt sich zum Beispiel dieses Muster für einen Blues (Die Zahlen zeigen die Bundpositionen):

0	0	0	0
5	5	0	12
7	5	12	7

Im 3. Bund befinden sich die Bluesnotes (kleine Terz, kleine Septim) der Tonika. Dort entsteht der bluesige Sound.

Hier ein einfaches Beispiel.
Alle Töne mit Slide greifen. Wann immer es geht, in den Ton hineingleiten und mit viel Vibrato versehen. In den letzten beiden Takten wurde ein einfacher Turnaround eingesetzt:

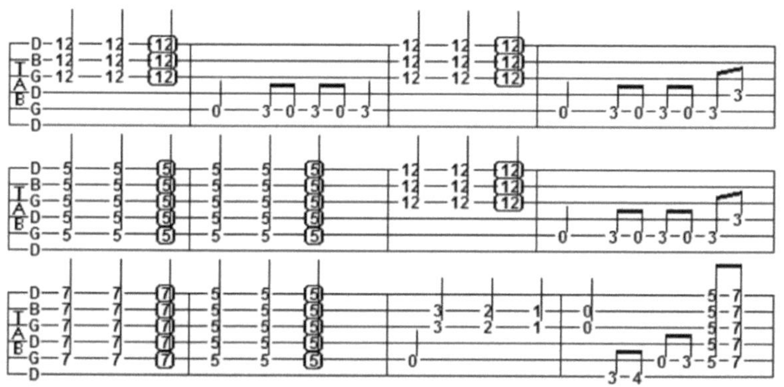

Fortgeschrittene Grifftechniken

Vor allem Fingerstyle-Gitarristen verwenden meist eine Kombination aus Slide- und Finger-Griffen. Komplexe Akkorde sind mit Slide nicht möglich, aber es gibt die Möglichkeit, hinter dem Slide mit den Fingern zu greifen. So drückst ihr die Saite unter dem Slide weg und die Saite liegt auf einem Bund auf. Dies ist sehr nützlich, wenn ein Melodieton gebraucht wird, der mit dem Slide nicht zu erreichen ist oder im Lied ein Moll-Akkord gebraucht wird. Bei dem folgenden Griff liegt der Slide im 7. Bund (Offene D-Stimmung, es handelt sich also um einen A-Griff.)

Auf der G-Saite[27] greift der Mittelfinger den nächsttieferen Ton. So wird aus der großen Terz, die sich in Open D auf der G-Saite befindet eine kleine Terz. Es handelt sich also jetzt um einen Moll-Akkord. Der Zeigefinger greift 2 Bünde unter der Quint, also in diesem Fall ein D.

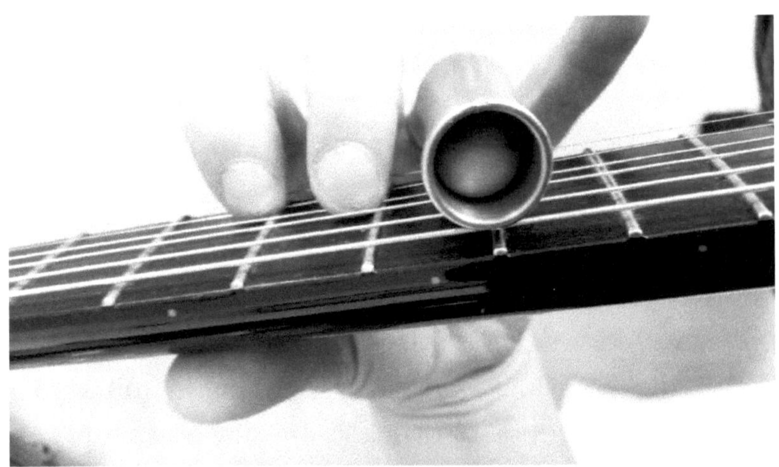

P.S. Alternativ zu Open D und Open G kann die Gitarre auch auf Open E (EHEG#HE) oder Open A (EAEAC#E) gestimmt werden. Die höhere Saitenspannung zieht den Hals etwas nach vorne und die Saitenlage erhöht sich. Das vereinfacht das Spielen mit Slide.

---

[27] Da die G-Saite in Open D auf F# heruntergestimmt ist, ist die Bezeichnung *G-Saite* nicht mehr richtig. *F#-Saite* wäre korrekt. Aus Gründen der Überschaubarkeit, bezeichne ich die Saiten mit ihrem *ursprünglichen* Namen.

Kapitel 25: Walking Bass Nr. 4 ... des Gitarristen Königsdisziplin

Der letzte Teil zum Thema: Jetzt geht es darum, die Prinzipien, die bereits behandelt wurden, Bass-Lauf und Akkorde miteinander zu kombinieren.

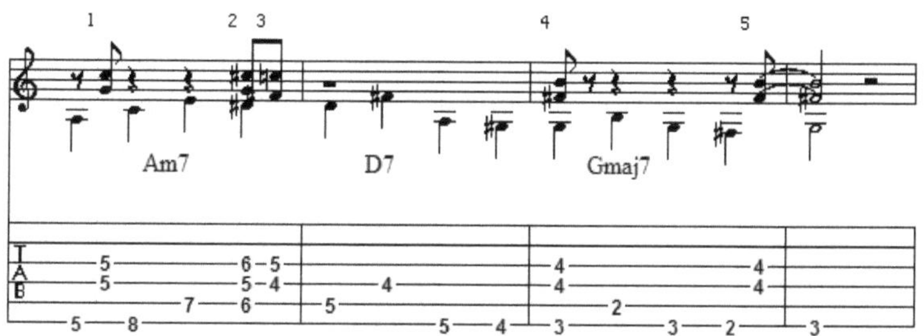

Anhand von diesem kurzen Beispiel wird kurz dargestellt, was alles möglich ist. Leider (oder je nach Sichtweise zum Glück) bleibt es dir selbst überlassen, dich damit vertraut zu machen und Routine zu entwickeln. Gehen wir mal die Punkte durch:

1. Der Akkord zum Bass-Lauf wird nur sehr kurz zwischen 2 Basstönen angeschlagen, während der Bass weiterläuft.
2. Ein kompletter D#7-Akkord unterstützt den chromatischen Annäherungston zum D.

3. Direkt darauf folgt der Akkord D7. In diesem Fall vorgezogen, denn der Basston kommt hinterher im nächsten Takt.
4. Basston und Akkord gleichzeitig.
5. Vorgezogener Akkord, diesmal klingend.

Der zum Bass gehörende Akkord kann also vor, nach oder zusammen mit dem Basston angeschlagen werden. Der Akkord sollte nur ganz kurz angeschlagen werden, denn dadurch kommt Groove in die Sache und die Finger werden frei, wenn sie den Akkord nicht lange halten müssen. Schließlich hat die Hand noch genug Bewegungen zu vollziehen.

Hier eine kleine Akkordsammlung. Optimal für diese Spielweise, denn die Finger liegen gut und die Akkorde enthalten alle notwendigen Töne:

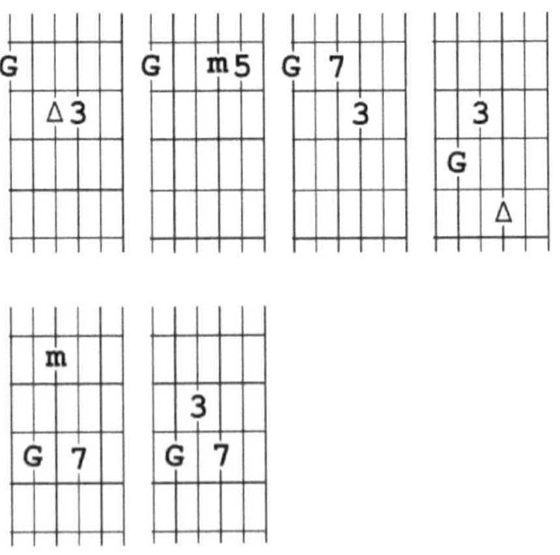

Die Akkorddiagramme erklären sich selbst. Das Δ ist ein Symbol für die major7. Wer viele Noten schreibt, verwendet natürlich Abkürzungen. Diese hier hat sich international durchgesetzt.

Bei den folgenden Akkorden zupfen die Finger die G- und die H-Saite.

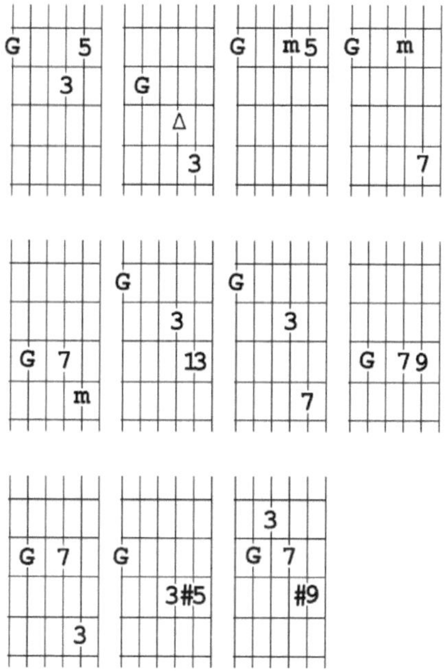

Dabei lassen sich nicht alle Akkordoptionen so einfach mitspielen, aber das kann ja auch in der Bass-Figur geschehen. (Ein Δ7-Akkord geht z.B. nicht immer so leicht). Vorteil bei dieser Art zu picken ist, dass die D-Saite zusätzlich für Basstöne zur Verfügung steht. Die Akkorde rutschen von der Stimmlage etwas höher, also *trennen* sich die beiden Stimmen etwas deutlicher. Vor allem reichen die Finger besser an die jazzigen Töne. Akkorderweiterungen (9, 11, 13) oder Akkordalterationen (b5, #5, b9, #9):

Beim letzten dieser Akkorde, ein 7#9-Akkord[28], wurde die Terz auf der D-Saite mit abgebildet, damit man ihn von einem m7-Akkord unterscheiden kann. Die #9 und die Moll-Terz sind im Grund identisch. Bei einem 7#9er sind beide Töne enthalten.

[28] E7#9 (der Grundton wird mit dem Mittelfinger im 7. Bund gegriffen) ist der berühmte *Jimi-Hendrix-Akkord-Griff*. Er ist auf Purple Haze, Foxy Lady oder dem Blues auf der Woodstock-LP zu hören.

Noch ein Beispiel: Ein Blues mit Walking-Bass-Begleitung

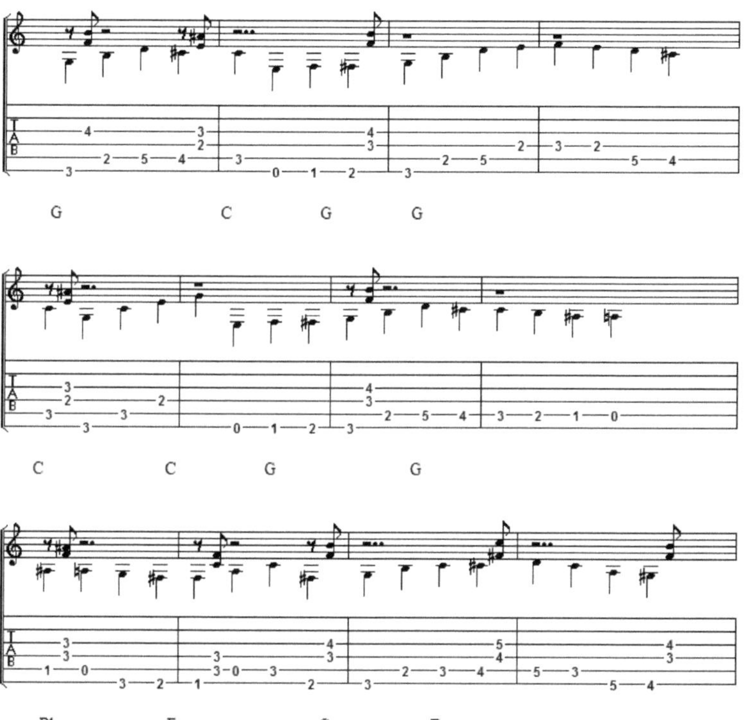

Die verwendeten Griffe sind etwas ungewöhnlich. Sollte sich jemand an *Lazy* von Deep Purples Album *Mashine Head* erinnert fühlen, ist er auf der richtigen Spur ☺.

Walking Bass: ZUUUGABE für Fingerpicker

Das klingt auch sehr nett und ist einfach und schnell anzuwenden. Normale Wechselbass-Patterns, nur, dass auf dem 4. Beat der vielgepriesene chromatische Annäherungston hinzukommt. Guggsdu hier:

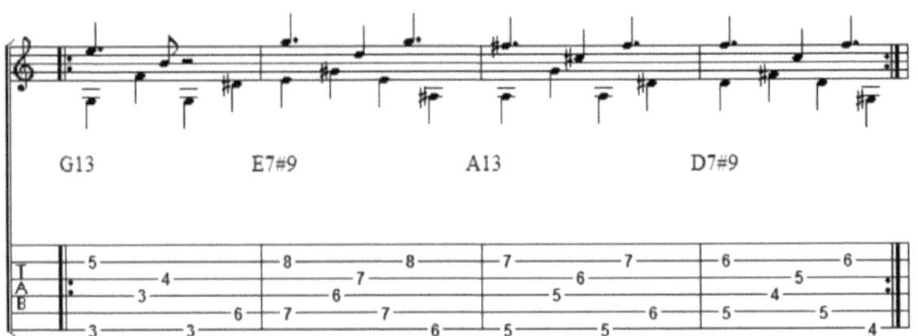

Das kann schnell mal eben in einem Folk- oder Blues-Song untergebracht werden und lockert eingefahrene Muster ganz schnell auf. Oft ist es schwierig, für einen Song einen brauchbaren Instrumentalteil zu entwickeln. Mit dieser Methode kann es sehr schnell gehen.

Kapitel 26: Get into Tune

Ja, hier geht es um das Stimmen der Gitarre. Klar, ein Stimmgerät leistet gut Dienste ... vor allem dann, wenn es laut ist auf der Bühne und es sich aus allgemeiner Rücksichtnahme dem Publikum gegenüber zu Recht von selbst versteht, zwischendurch mal nachzustimmen. Ich persönlich stimme pro 90-Minuten Auftritt sicher 10 bis 15 mal.

Dennoch tue ich mich schwer, es beim Stimmen mit Stimmgerät bewenden zu lassen. Zum einen ist das richtige Stimmen einer Gitarre ohnehin physikalisch unmöglich (Es gilt also klanglich brauchbare Kompromisse zu finden). Des Weiteren ist die moderne Konstruktion der Gitarre mit seinen durchgehenden Bünden ebenfalls nur ein Kompromiss (Um es ganz genau zu machen bräuchte jede einzelne Saite eine eigene Mensur, also eigene Bundpositionen[29]) und die Stimmgeräte *messen* ja nur die Frequenz der leeren Saite, berücksichtigen also nicht die unvermeidliche Verstimmung durch das Greifen.[30] Besonders bei billigen Gitarren tritt man des Öfteren das

---

[29] Kaum zu glauben, aber solche Gitarren gibt es tatsächlich zu kaufen. Pro Saite gibt es eine Schiene, auf der kleine Minibünde zur richtigen Position für die entsprechende Saite verschoben werden können.

[30] Das Greifen drückt die Saite auf den Bund. Dabei wird sie ein wenig gedehnt und die Stimmung erhöht sich etwas. Gitarrenbauer kompensieren diesen Effekt etwas, in dem sie die Bundposition beim Bau des Halses entsprechend „verschieben".

Phänomen der *Oktavunreinheit* auf, d.h. der Steg ist nicht genau positioniert.
Ganz viele Kriterien, die, wenn überhaupt, nur auf eine Art und Weise gelöst werden können, nämlich durch das Stimmen nach Gehör und dem Vergleich von leeren Saiten und gegriffenen Tönen.

Methode 1: Das Stimmen nach Flageolett-Tönen:
Dies ist eine sehr schnelle und beliebte Methode, doch es wird dabei auch nicht mit gedrückten Saiten gearbeitet, sie kann also ungenau sein. So könnte ein Stimmversuch aussehen:

1. Stimmen der A-Saite mit Stimmgerät oder Stimmgabel.
2. Stimmen der dicken E-Saite durch Vergleich der Flageolett-Töne auf der A-Saite im 7. und der E-Saite im 5. Bund.
3. Stimmen der D-Saite durch Vergleich der Flageolett-Töne auf der D-Saite im 7. und der A-Saite im 5. Bund.
4. Stimmen der G-Saite durch Vergleich der Flageolett-Töne auf der G-Saite im 7. und der D-Saite im 5. Bund.
5. Stimmen der H-Saite durch Vergleich des Flageolett-Tons auf der dicken E-Saite im 7. Bund und der ungegriffenen H-Saite.

6. Stimmen der dünnen E-Saite durch Vergleich des Flageolett-Tons auf der dicken E-Saite im 5. Bund und der ungegriffenen dünnen E-Saite.
7. Check: 1. Vergleich der Flageolett-Töne auf der H-Saite im 5. und der dünnen E-Saite im 7. Bund. 2. Vergleich der ungegriffenen H-Saite mit der im 4. Bund gegriffenen G-Saite. Wenn der Check erfolgreich war, kann man anfangen zu spielen, ansonsten muss man nochmal dran.

Methode 2: ausgiebiger Tonvergleich über das ganze Griffbrett (meine ausdrückliche Empfehlung)

1. Stimmen der A-Saite mit Stimmgerät oder Stimmgabel
2. Vergleich A-Saite im 7. Bund mit dicker E-Saite leer (das ist eine Oktave). Danach Vergleich E-Saite im 5. Bund mit A-Saite leer (gleicher Ton).
3. Vergleich A-Saite im 5. Bund mit D-Saite leer. Danach Vergleich D-Saite im 7. Bund mit A-Saite leer.

4. Vergleich D-Saite im 5. Bund mit G-Saite leer. Danach Vergleich G-Saite im 7. Bund mit D-Saite leer.
5. Vergleich G-Saite im 4. Bund mit H-Saite leer. Danach Vergleich H-Saite im 8. Bund mit G-Saite leer.
6. Vergleich H-Saite im 5. Bund mit dünner E-Saite leer. Danach Vergleich dünne E-Saite im 7. Bund mit H-Saite leer.
7. Check: Oktavvergleiche
    1. Dicke E-Saite mit D-Saite im 2. Bund.
    2. Dicke E-Saite im 3. Bund mit G-Saite.
    3. A-Saite mit G-Saite im 2. Bund.
    4. A-Saite im 2. Bund mit H-Saite.
    5. D-Saite mit H-Saite im 3. Bund.
    6. D-Saite im 2. Bund mit dünner E-Saite
    7. G-Saite mit dünner E-Saite im 3. Bund.

Wenn bei irgendeinem dieser Schritte Ungenauigkeiten auftauchen sollten, muss nach Gehör nachkorrigiert werden. Wurde ein brauchbarer Kompromiss gefunden, kommt der finale Check: C-Dur schlagen und E-Dur schlagen. Wenn beide gut klingen, ist alles perfekt.

Hier noch eine Grafik mit den Vergleichstönen:

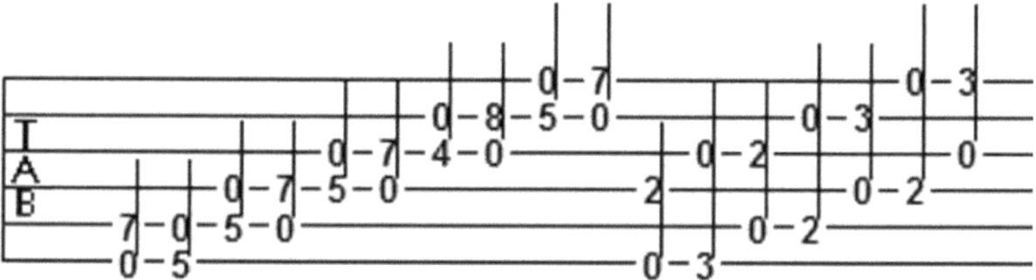

Ein kleiner nützlicher Nebeneffekt: Die abgebildeten Töne in der Grafik können auch für das Bilden von Melodien in Oktaven verwendet werden.

Auf die beschriebene Weise mag es vielleicht etwas umständlich erscheinen, seine Gitarre zu stimmen, aber so bekommst du fast jede Gitarre zum *Funktionieren* und machst sie dadurch spielbar. Besonders zu empfehlen ist diese Methode für Vintage-Gitarren, z.B. für die alten Telecasters, die am Steg noch mit drei breiten Böckchen für je 2 Saiten ausgestattet sind. Nach heutigen Maßstäben war dies eine echte Fehlkonstruktion des geschätzten Herrn Leo Fender, der mit den von ihm gebauten Gitarren ja ansonsten unfraglich ein wichtiger Wegbereiter der Rockmusik war.

Eine letzte Bemerkung möchte ich mir nicht verkneifen, auch wenn sie sich stark nach einem schulmeisterlich gefuchtelten Zeigefinger anhört: Nichts schult das Gehör besser, als es zu benutzen ☺. Das Stimmen ist eine der besten Methoden, sein Gehör zu trainieren.

Musik hat etwas mit Hören zu tun und nicht mit Sehen. Das Ohr soll dir sagen, was der richtige Ton ist und nicht ein grünes Lämpchen am Stimmgerät, das zeigt, wann genug gedreht wurde.

Nachtrag für Nerds: Die Star-Trek-Fanfare, die in jeder Enterprise-Folge zu hören ist, besteht aus aufsteigenden Quarten. So wie die tiefen Saiten der Gitarre auch. Das Instrument kann also auch so gestimmt werden, dass 3 hintereinander gezupfte Saiten die bekannte TV-Melodie ergeben ☺.

Glossar:

Aeolisch:	siehe Modi
Alteriert:	Bezieht sich auf Tonleitern oder Akkorde. Bei einem alterierten Ton wird ein natürlich vorkommender Ton um einen Halbton nach oben oder unten verschoben.
Akkordumkehrung:	siehe Umkehrung.
Arpeggio:	Auflösen eines Akkordes in seine einzelnen Töne, die dann nacheinander gespielt werden. Gitarristen unterscheiden oft zwischen Zupfen und Schlagen eines Akkordes. Beim Zupfen einzelner Saiten handelt es sich um eine Art des Arpeggio, da die Töne einzeln erklingen.
b:	Das b hinter einem Akkord (oder vor einer Note) erniedrigt um einen halben Ton (= 1 Bund). Beispiel: G wird im 3. Bund gegriffen, Gb (Ges) im 2. Bund. In Englischen heißt das b *flat*, der Griff hieße dann G-flat.
Barrè-Griff:	Gitarrengriff, bei dem ein Finger (meistens der Zeigefinger) mehrere oder alle Saiten abdrückt. Meist sehr kraftaufwendig.

Bending:	oder String-Bending: Technik der linken Hand. Eine Saite wird gedehnt wie beim Spannen eines Flitzebogens. Dadurch wird sie strammer und der Ton höher. Im Blues geht es oft nur um eine Färbung des Tones durch ein Mini-Bending, im Country und Rock wird der Ton gezielt um einen halben bis zu 2 ganzen Tönen gedehnt.
Bluenote:	*Krumme,* bluesige Töne in der Blues-, Jazz- und Rockmusik. Meistens die kleine Septime und der Tritonus.
Blues:	Musikrichtung aus den USA. Gilt als Vorläufer von Jazz und Rock and Roll. Der ursprüngliche Blues basiert maßgeblich auf der Musik, die von den aus Afrika entführten Sklaven mit ins Land kamen. Es gibt eine Blues-Tonleiter (Mollpentatonik mit zusätzlichem Tritonus) und ein Bluesschema, das ein bestimmtes harmonisches Muster beschreibt.
Dezime:	siehe Intervalle
Dominante:	Dur-Akkord auf der 5. Stufe einer Tonleiter. Wenn mit zusätzlicher Septime versehen, entsteht ein Dominantseptakkord.

Dominantseptakkord:

Dur-Akkord auf der 5. Stufe einer Tonleiter mit zusätzlicher Septime. In der klassischen Musik hat er Leitton-Charakter und will sich in die Tonika auflösen. In Jazz und Blues ist die Septime als stimmungsbildende Färbung eines Akkordes zu verstehen. (Oft werden weitere zusätzliche Töne hinzugefügt.) Der Leittoncharakter spielt dabei (wenn überhaupt) nur eine untergeordnete Rolle.

Dorisch: siehe Modi

Dreiklang: Akkord aus 3 Tönen. Bestehend aus Grundton, Terz und Quinte

Dur: (von durus = hart) Tongeschlecht in der Musik. Bezeichnet entweder eine Tonart oder einen Akkord mit großer Terz (4 Halbtöne vom Grundton)

Flageolett: Ursprünglich eine Flötenbauweise aus Frankreich (entspricht der irischen Tin-Whistle). Auf Saiteninstrumenten können durch Berühren der Saiten an den Schwingungsknoten Obertöne produziert werden. Beim Zupfen klingen diese etwas glockenähnlich, beim Streichen fast wie eine Flöte (daher der Name).

Fingerpicking: (auch Fingerstyle) Spieltechnik, bei der die Saiten nicht mit einem Plektrum, sondern mit den Fingern gezupft werden.

Griff: Das Abdrücken einer oder mehrerer Saiten in einer bestimmten Fingerformation. Dabei werden akkordeigene Töne hörbar, deswegen wird ein Griff auch oft ein Akkord genannt.

Gypsy-Swing: wörtlich *Zigeuner-Swing.* (Darf man das in Zeiten der politischen Korrektheit so noch sagen?) Unterart des Jazz. Maßgeblich auf Gitarre und Geige mit Kontrabass-Begleitung gespielt. Bekannter Vertreter: Django Reinhardt

Hammering: Technik der linken Hand. Durch das Klopfen auf eine Saite in einem bestimmten Bund wird ein zweiter oder dritter höherer Ton erzeugt, ohne, dass die rechte Hand zupfen muss.

Harmonisch Moll: Molltonleiter mit erhöhter 7. Stufe, die einen Leittoncharakter zu erzeugt.

Intervalle: Abstand zwischen zwei gleichzeitig oder nacheinander gespielten Tönen. Die vorne genannten Bezeichnungen in der Tabelle sind die gebräuchlicheren.

Ionisch: siehe Modi

Halbtöne	Name
0	reine Prim oder verminderte Sekund
1	kleine Sekund oder übermäßige Prim
2	große Sekund oder verminderte Terz
3	kleine Terz oder übermäßige Sekund
4	große Terz oder Verminderte Quart
5	reine Quart oder übermäßige Terz
6	übermäßige Quart, verminderte Quint oder Tritonus
7	reine Quint oder verminderte Sext
8	kleine Sext oder übermäßige Quint
9	große Sext oder verminderte septim
10	kleine Septim, dominant 7 oder übermäßige Sext
11	große Septime, maj 7 oder verminderte Oktave
12	reine Oktave oder übermäßige Septime
13	kleine None
14	große None
15	kleine Dezime oder übermäßige None
16	große Dezime

Jammerhaken: Vibratohebel einer E-Gitarre

Jazz: Musikrichtung, die ca. 1900 in den Südstaaten der USA entstand und auf den Blues zurückgeht. In modernen Formen nicht mehr so sehr von den afrikanischen Wurzeln geprägt.

Jazz-Standards: Nicht ganz klar umrissener Oberbegriff für bekannte Jazz-Kompositionen, die auf Grund ihrer Bekanntheit oft gespielt werden. Meist Stücke aus den 40er bis 60er Jahren.

Jonisch: = ionisch, siehe Modi

Kirchentonarten: siehe Modi

Kreuz (#): Das *Hashtag-Zeichen* hinter einem Akkord erhöht um einen halben Ton (= 1 Bund). Beispiel: F wird im 1. Bund gegriffen, F# (Fis) im 2. Bund. Im Englisch hießt das # ein *sharp*. Der Griff heißt dann F-sharp.

Leadsheet: Der Ablauf eines Songs in Papierform. Es enthält Griffe, die Reihenfolge von Songteilen, ggf. Notenskizzen etc. Kurz, Alles was gebraucht wird, um vom Blatt spielen zu können. Viele Studiomusiker erhalten Leadsheets als einzige Information, bevor die Aufnahmen beginnen.

Legato: (*gebunden*) Die Töne werden möglichst fließend und mit kaum bis gar nicht hörbarem Absatz gespielt.

Leitton: Ein Ton mit der Tendenz, sich *auflösen* zu wollen. Meist ein Halbton unter der Oktave.

Lokrisch:	siehe Modi
Looper:	Technisches Gerät, mit dem auf der Bühne kurze Melodien aufgenommen und wieder abgespielt können. Wird verwendet, um sich selbst zu begleiten.
Lydisch:	siehe Modi
Maj7	Bezeichnet ein Intervall (große Septime, ein Halbton unter der Oktave) oder einen Akkord (meistens Dur), dem eine große Septime hinzugefügt wurde.
Melodisch Moll:	Molltonleiter mit erhöhter 6. + 7. Stufe
Mixolydisch:	siehe Modi
Modi:	= Kirchentonarten. Tonleitern, basierend auf dem Tonmaterial einer normalen (ionischen) Durtonleiter. Abhängig vom Startton ergeben sich 8 Töne mit unterschiedlichen Positionen von Ganz- und Halbtonabständen und somit verschieden Stimmungen. Beginnt die Tonleiter mit dem ersten Ton, heißt sie ionisch, mit dem 2. dorisch, mit dem 3. phrygisch, mit dem 4. lydisch, mit dem 5. mixolydisch, mit dem 6. aeolisch (entspricht der natürlichen Molltonleiter, auch Mollparallele genannt), mit dem 7. lokrisch. Modi spiel-

ten in der Musik des Mittelalters eine Rolle und sind heutzutage eine der Grundlagen des Jazz.

Moll: (von mollis = weich) Tongeschlecht in der Musik. Bezeichnet entweder eine Tonart (dabei unterscheiden sich natürliches, harmonisches und melodisches Moll) oder einen Akkord mit kleiner Terz (3 Halbtöne höher als der Grundton)

Mollparallele: Molltonart, basierend auf dem Tonmaterial der analogen Dur-Tonleiter. Die parallele Molltonleiter beginnt auf der 6. Stufe einer Durtonleiter.
(siehe auch Modi)

None: siehe Intervalle

Oktave: siehe Intervalle

Pentatonik: Reduktion einer Dur- oder Moll-Tonleiter auf 5 verschieden Töne.

Plektrum: Flexibles Plättchen zum Anzupfen von Saiten

Phrygisch: siehe Modi

Prim: siehe Intervalle

Pull-off: Technik der linken Hand. Durch das Wegziehen des Fingers von einer Saite wird ein zweiter oder dritter tieferer Ton erzeugt, ohne dass die rechte Hand ihn zupfen muss.

Quart: siehe Intervalle

Quinte: siehe Intervalle

Quintenzirkel: Kreisförmig angelegtes Muster zur näheren Verdeutlichung der Harmonielehre.

Rock and Roll: Musikrichtung, die in den 50er-Jahren in den USA entstand. Basiert harmonisch auf dem Blues.

Rubato: *(geraubt)* verzögerte Spielweise mit sehr freiem Tempo.

Sackpfeife: Dudelsack

Sekunde: siehe Intervalle

Sequenzer: Hard- oder Software zum Programmieren von Rhythmen oder Melodien.

Sext: siehe Intervalle

Septime: siehe Intervalle

Shuffle: Wird in Blues, Jazz und Rock verwendet. Es handelt sich um einen sogenannten ternären Rhythmus mit einem 3er-Feeling. Im Gegensatz dazu hat ein binärer Rhythmus ein 2er-Feeling.
Binär: XxXxXxX (Alle Töne sind gleich lang und werden in 2er Gruppen gespielt.)
Ternär: XxxXxxXxxXxx (Alle Töne sind gleich lang und werden in 3er Gruppen gespielt.)
Shuffle: X xX xX xX x (3er Gruppen, bei denen der 2. Schlag nicht mitgespielt wird).
Wird aus Gründen der Vereinfachung in Noten als einfache Achtel dargestellt, es klingt dann aber so, als käme jeweils der zweite Schlag etwas verzögert.
Beispiele für Shufflerhythmen: Roll over, lay down (Status Quo), Personal Jesus (Depeche Mode),

Single-Note-Technik: Der Begriff bezeichnet eine Spielweise, bei der jede einzelne Note gezupft wird, ohne auf Hammering, Pull-Off etc. zurückzugreifen.

Slide: Technik der linken Hand. Tonhöhenveränderung durch Rutschen entlang der Saiten.

Staccato: („gestoßen“) Folge von kurzen, stoßweise und abgehackt gespielten Tönen.

Stufe: Position eines Tones in der Tonleiter. Von 1-7 durchnummeriert.

String-Bending: siehe Bending

Subdominante: Dur-Akkord auf der 4. Stufe einer Tonleiter.

Tabulatur: Eine alternative Schreibweise, um Musik von Saiteninstrumenten schriftlich festzuhalten, ohne auf Noten zurückzugreifen. Es werden grafisch die Saiten und die Griff-positionen dargestellt.

Terz: siehe Intervalle

Tonika: Akkord auf der 1. Stufe einer Tonleiter. Gibt einer Tonart ihren Namen.

Tonleiter: Eine Folge von Tönen, aus denen Melodien zusammengesetzt werden.

Tremolo: Ein Ton wird durch schnelle Wiederholung zum Pulsieren gebracht.

Umkehrung: In normaler Stellung baut sich ein Akkord (Dreiklang) auf mit dem Grundton als tiefster Ton, dann kommt die Terz, dann die Quint. Bei Umkehrungen, werden andere Akkordtöne als jeweils tiefster Ton verwendet: 1. Umkehrung Terz, Quint, Grundton; 2. Umkehrung: Quint, Grundton, Terz.

Tritonus: Tonintervall von 6 Halbtönen. Wird in der Klassik oft als unmelodiös betrachtet, spielt im Blues und Jazz aber eine wichtige Rolle.

Turnaround: harmonische Wendung, die zunächst zum Dominantseptakkord hinführt und sich dann in der Tonika auflöst (Das Leitton-verhalten der Dominante bringt dies automatisch mit sich). Der Turnaround wird meist in den letzten 2 Takten des Bluesschemas verwendet, um wieder zum ersten Takt des Bluesschemas hinzuleiten.

Ukulele: Mini-Gitarre mit 4 Saiten aus Hawaii.

Vibrato: Ein Ton wird durch Tonhöhenveränderung zum Pulsieren gebracht. Bei klassischer Spielweise wird entlang der Saite vibriert, in der Rock-Musik quer zur Saite oder mit dem Vibratohebel einer E-Gitarre.

Vierklang: Akkord aus 4 Tönen. Bestehend aus Grundton, Terz, Quinte und Septime. So werden im Jazz Akkordtypen hergeleitet.

Voicing: Für die Gitarre eigentlich nur ein anderes Wort für Griff. Das Wort *Voicing* zielt darauf ab, dass sich die Akkordtöne in unterschiedlicher Reihenfolge in einem Griff befinden können. Beispiele: Grundton, Septime, Terz, Quint oder Grundton Terz, Septime, Grundton. Siehe auch Umkehrung.

Wechselbass: Spieltechnik, bei der der Daumen wechselweise von einer Saite zur nächsten springt. Oft wechselt der Grundton mit der Quart darunter (z.B. bei Folk und Country).

Zugabe:

Das folgende Musikstück ist darauf angelegt, einige der Tricks unterzubringen, die du in diesem Buch kennengelernt hast. Es ist natürlich schwierig, so viele Stile unter einen Hut zu bringen, ohne den roten Faden zu verlieren, aber das Ergebnis kann sich wohl sehen (oder anhören) lassen. Ich wünsche dir viel Spaß beim Spielen. Fühl´ dich eingeladen, das Stück auseinanderzunehmen, die Teile zu benutzen, die dir gefallen und Teile zu ändern oder hinzuzufügen. Nimm es einfach als Basis, etwas Eigenes daraus zu machen. Es geht um deinen Spaß und nicht um Werktreue.

Auf der Webseite des Verlages:
https://www.verlag-epv.de/index.php?id=153

oder des Autors:
https://www.michaelvoelkel.de/

befindet sich das folgende Stück in DIN A4-Format zum kostenlosen Download.

In diesem Sinne verabschiede ich mich.

Lieben Gruß
Michael Völkel alias Spielmann Michel

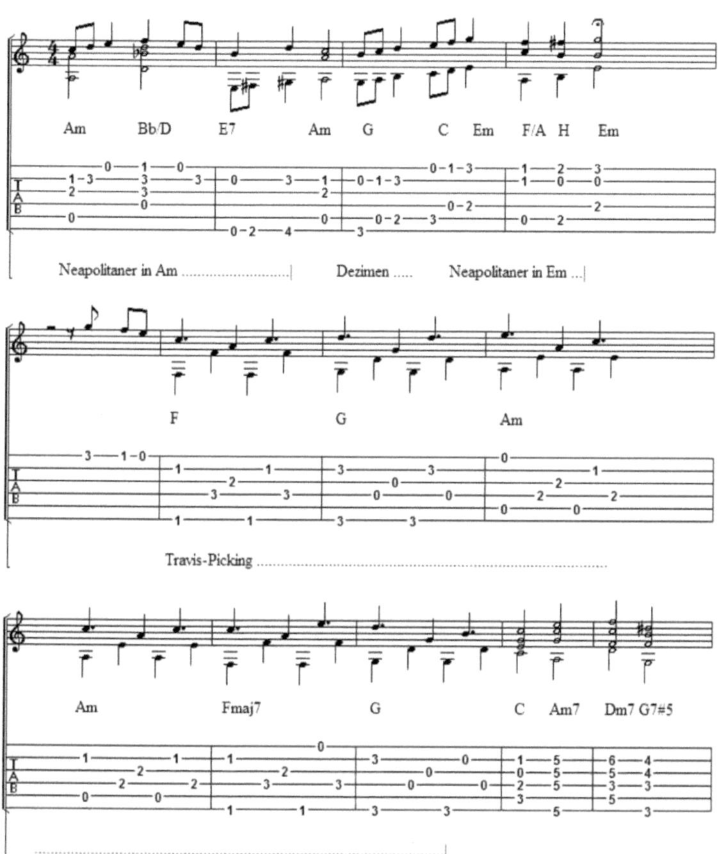
Am Bb/D E7 Am G C Em F/A H Em
Neapolitaner in Am
Dezimen .....
Neapolitaner in Em ...
F G Am
Travis-Picking
Am Fmaj7 G C Am7 Dm7 G7#5

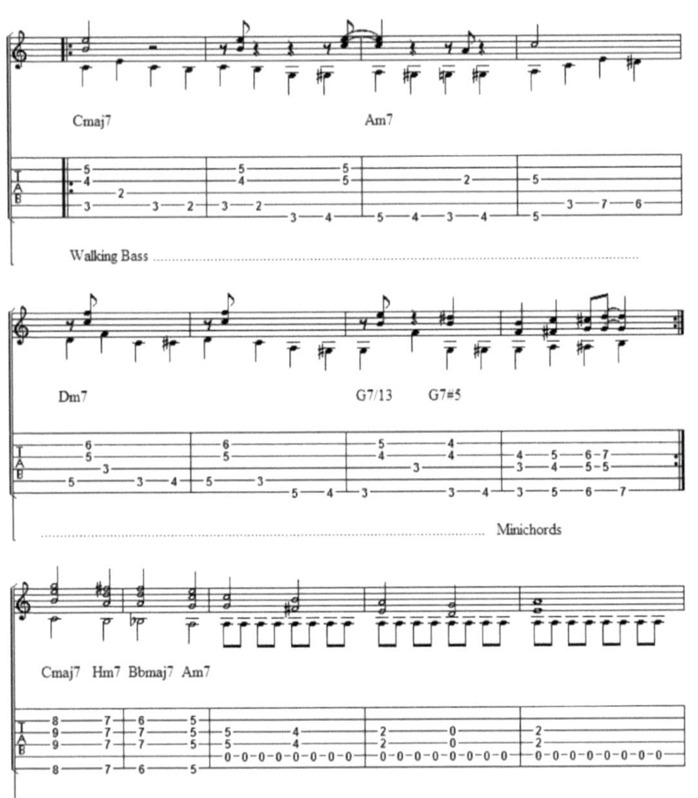
Cmaj7
Am7
Walking Bass
Dm7
G7/13
G7#5
Minichords
Cmaj7
Hm7
Bbmaj7
Am7

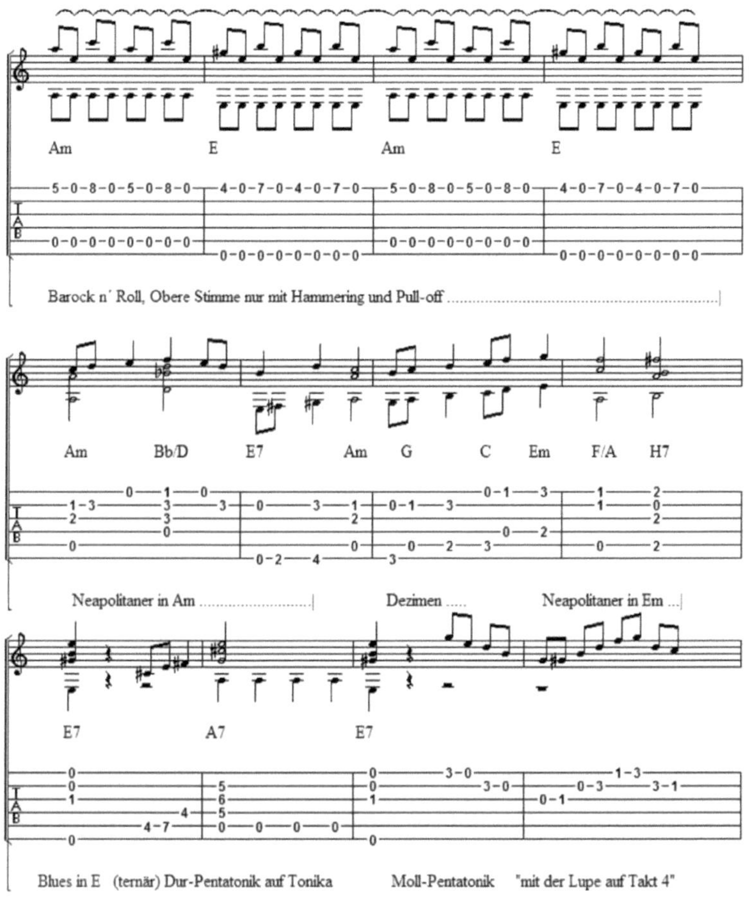
Am E Am E
Barock n´ Roll, Obere Stimme nur mit Hammering und Pull-off
Am Bb/D E7 Am G C Em F/A H7
Neapolitaner in Am
Dezimen
Neapolitaner in Em
E7 A7 E7
Blues in E (ternär) Dur-Pentatonik auf Tonika
Moll-Pentatonik "mit der Lupe auf Takt 4"

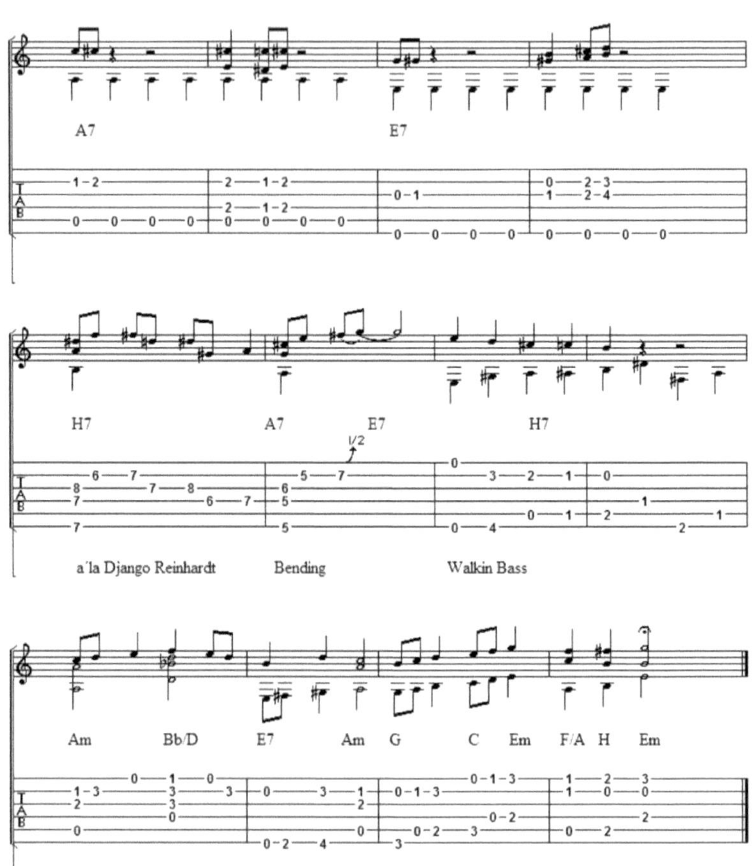
A7
E7
H7
A7
E7
H7
1/2
a´la Django Reinhardt
Bending
Walkin Bass
Am
Bb/D
E7
Am
G
C
Em
F/A
H
Em
Neapolitaner in Am
Dezimen .....
Neapolitaner in Em ...

Danksagung und Credits:

Wie nicht anders zu erwarten, aber auch, weil es mir ein echtes Anliegen ist, möchte ich mich bedanken.

Bei Matt Smith, Gitarrist aus Austin Texas. (Ein paar der hier im Buch enthaltenen Tricks habe ich bei ihm kennengelernt.)

Bei meinen Musiklehrern: Peter Bursch (sein Buch hat mir als Autodidakt den Weg gewiesen), Howard Cohen (Querflöte), Waltraud Mink (Klassischer Gesang)

Bei Hotte Jebram, Harry Liedtke, den Betreibern der Dechenhöhle in Iserlohn, des Kulturbüros in Herne, der Messe Whisky ´n´more, der IKM Gelsenkirchen (namentlich Kery Felske), des Archäologiemuseums in Herne und von Schloss Horst in Gelsenkirchen. (Als Einsteiger braucht man Auftrittsmöglichkeiten und Veranstalter mit langem Atem, als Profi braucht man Stammkunden und Auftrittsvermittler. Danke für eure Treue.)

Bei der Stadtwache Bochum

Bei meinen *Schraubern* und Instrumentenbauern: Andreas Haegler, Udo Roesner und dem Team von

AER in Recklinghausen, Hartmut Hegewald (Gitarrenbaumeister).

Bei meinen Mitspielern Jan Klemens, Hotte Schröder, Dennis Ebermann, Molly Malone, Micha Vohwinkel, Jörg Meißner, Jürgen Schell (†), Timo Maiwald, Andreas Haegler, Thorsten Siltmann.

Bei Manuela Klumpjan und dem Edition Paashaas-Verlag aus Hattingen für die großartige Möglichkeit dieses und andere Bücher veröffentlichen zu dürfen.

Bei Mike Gromberg (Musiker und Autor) für das Lektorat und den kritischen Blick auf die Inhalte des vorliegenden Buches.